戦争と平和主義

エキュメニズムが目指すところ

富坂キリスト教センター［編］

神田健次　石田学　矢口洋生　山口陽一

佐々木陽子　木戸衛一　クリスチャン・モリモト・ヘアマンセン

中西久枝　原真由美

いのちのことば社

序　文

本書は、二〇一九年十月より二〇二二年九月までの三年間に及ぶ富坂キリスト教センターの学際的な共同研究「兵役拒否・平和主義・エキュメニズム」の成果である。

共同研究は、台風襲来やコロナ感染拡大などにより対面での開催が困難となり、最初の二年間はＺｏｏｍでの研究会を余儀なくされた。そのような状況にもかかわらず、研究員の方々の研究主題への強い関心と情熱によって推進され、本書刊行に至ったことに特別の感慨を覚えている。

共同研究の内容に大きな影響を及ぼしたのは、昨年二月以降のロシアによるウクライナへの軍事侵攻であり、研究会ではその問いかけから研究内容を検証し合い、研究成果のタイトルも『戦争と平和主義――エキュメニズムが目指すところ』と定めた。ここで用いる「エキュメニズム」とは、キリスト教諸教派の一致と協力に限定されず、宗教間の対話と協力をも意味する広義の用法も内包している。

第一部「キリスト教における戦争と平和主義」では、石田学氏「平和主義への道程……怒りと報復から和解へ」は、韓国の民衆の神学による出エジプト記の解釈との対話と、嘆きと怒り、報復を願う詩編の解釈をとおして、苦難と報復から赦しと和解に至る道のりを探っている。さらにその関連で、新約聖書における苦難と報復から赦しと平和への道筋について考察している。矢口洋生氏「アナバプティズムの視点から――キリスト教平和主義の論点」は、アナバプティズムの歴史的展開と特色について詳細に言及している。とりわけアナバプティズムの視点から、平和のための論点として、イエス中心の聖書主義、忍耐と苦痛を伴う愛の実践、コンスタンティヌス体制の否定、正当戦争を超えて、平和主義者の政治責任、宣教と対話、兵役に代わるもの、をめぐって論究している。神田健次「エキュメニズムと平和主義」は、エキュメニズムの理念と歴史を紹介しつつ、一九二五年の第一回「生活と実践」世界会議、およびWCC創立総会における平和主義に言及する。さらにWCCの「正義・平和・被造世界の保全」（JPIC）と「暴力を克服する一〇年」（DOV）の平和主義の取り組み、そしてロシアのウクライナへの軍事的侵攻とWCCの平和主義の取り組みについて考察している。

第二部「太平洋戦争と平和主義」では、山口陽一氏「クリスチャン林市造・本川譲二の神風特攻と信仰」は、兵役拒否とは対極をなす神風特攻について、アサ会の信仰に育てられた林市造、日本基督教会と無教会の信仰を継承した本川譲治の信仰を通して考察する。いずれも当時の知的エリートのキリスト者として、潔く国のために命を捨てたことは、キリスト者の真面目さであり、犠牲の精神であり、臣民教育が育んだ愛国心のゆえであったことを解明している。佐々木陽子氏「兵役から逃れるとは——国家による身体の収奪への拒否」は、制度としての兵役拒否が欠如していた近代日本の徴兵制の中で「徴兵忌避者」に焦点を当てて考察している。しかも良心的兵役拒否に対して徴兵忌避を劣位に位置づける陥穽への指摘を前提とし、十五年戦争期において特に強化された徴兵制における徴兵忌避の状況に言及している。アメリカとの比較を通じて、日本の兵役をめぐる変容に兵役が国家による国民の身体の領有であり収奪である点に着目する。原真由美氏「日本の民主化定着へのアメリカの試み」は、アメリカン・バプテストのキリスト教宣教師として日本に三十年余り生活をしたD・C・ホルトム宣教師による日本神道と日本人の関係を究明した研究業績に着目し分析する。そのホルトムの研究が戦後のGHQの「神道指令」発令により、国家神道を解体することで日本国民の信教の自由と新教育制度をもたらし、日本の民主化の一歩として政教分離が図られた点を解明している。

第三部「現代における戦争と平和」では、木戸衛一氏「『反ミリタリズム・コンセンサス』の終焉？——『時代の転換』のドイツ」は、戦後の反省から反ミリタリズムを志向してきたドイツが、湾岸戦争を契機としてNAT

Oに軍事的な参与を推進し始め、さらにロシアの軍事的侵攻の衝撃に直面して軍事的支援に傾斜してゆく方向性を、世論の動向とあわせて分析している。そのような状況の中、市民や教会等による平和運動は困難な状況を迎え、日本の状況も重ね合わせながら平和への可能性が探られている。クリスチャン・モリモト・ヘアマンセン氏「北欧における良心的兵役拒否の歴史と現状」は、デンマークと他の北欧諸国（ノルウェー、スウェーデン、フィンランド）における良心的兵役拒否を論じる。デンマークの徴兵制の歴史を概観し、兵役拒否希望者を抑制しようとする当局の方針を示す内容に焦点を当てている。さらに現在の北欧各国の制度と良心的兵役拒否の扱いについて概観し、ロシアのウクライナ侵攻に伴う北欧での軍備増強に対して教会がどのように対応しているかについて考察している。中西久枝氏「戦争の荷担者は誰か——ハイブリッド戦争時代の平和への問い」は、現在進行中のウクライナ戦争を本格的なハイブリッド戦争と捉え、伝統的な戦争とは大きく変化してきていることを詳細に分析している。ハイブリッド戦争とは、正規の国軍の兵士が戦う伝統的な戦争方式と同時に、経済制裁や政治的社会的プロパガンダ、あるいはAIを駆使したサイバー戦や武装ドローンなどを駆使する戦争であり、そのことにより戦争の荷担者が不明になる側面を照射することで、新たな平和への問いかけとなっている。

最後に、本書の表紙に作品《剣を鋤に打ち直す》の使用を快諾してくださった、国際的に評価も高い渡辺総一氏に感謝したい。この作品は、「彼らは剣を打ち直して鋤とし、槍を打ち直して鎌とする」というイザヤ書二章四節の聖句から創作されたものであり、本書の主題に深く呼応する作品と思われる。あわせて、共同研究の実務を担当された原真由美氏、良き同伴者として支援してくださった富坂キリスト教センター主事の岡田仁氏、そして本書出版にご尽力くださったいのちのことば社の長沢俊夫氏には心より御礼を申し上げたい。

富坂キリスト教センター「兵役拒否・平和主義・エキュメニズム」共同研究座長　神田 健次

目次

I　キリスト教における戦争と平和主義

怒りと報復から和解へ……平和主義への道程
——聖書解釈の可能性——

石田　学

序

兵役拒否、平和主義、そしてそのことがエキュメニズム性を持つことの根拠を、怒りと報復を主題とする聖書箇所の解釈をとおして示す試みが本論である。他者から強いられた理不尽な苦難ゆえの怒りと報復は、人類が共有してきた体験である。苦難を負わされた人々が抱く怒りと報復の願いをどう乗り越えるのかという、人類共通の課題と向き合うことをとおして、平和主義への道程を示すことは、宗教間エキュメニズムへと道を拓くことにもなると考える。

聖書にはおそらく一般に考えられている以上に、敵への怒り、苦難を与えた者への憎しみと報復の願い、そして祈りが収められている。ユダヤ教の原点とも言える出エジプトは、エジプト人への十の厄災を語り、海を渡った後にモーセが民と歌う「海の歌」は、神による報復を賛美する歌にほかならない。詩編百五十編のうち、神による報復を祈る歌はざっと数えて十五編にのぼる。詩編全体の一割が報復の祈りを主題としていることになる。預言書には、イスラエルの民の不従順に対する裁きだけでなく、イスラエルを攻め、侵略する敵の破滅預言に満ち、神による彼らへの報復と裁きの言葉も随所に語られている。

こうした箇所をどう受けとめ、解釈すべきなのか。その課題に対して、キリスト教の歴史の中で、教会は正当に向き合うことをしてこなかったのではないか。なぜ向き合うことをしないできたのか。その理由の一つは、わたしたちが物語を読むとき、どの・誰の視点から読むかということが深く関係している。ほとんどの場合、物語の読者は、その物語の主人公（protagonist）と自己同一化する。マーク・アラン・パウエルによれば、物語の読者は「ほとんどの場合、自分と似た境遇の登場人物に感情移入（realistic empathy）するか、読者がそうありたいと願う人物に感情移入（idealistic empathy）する」（*What is Narrative Criticism?*, Fortress Press, 1990, p. 56）。不当な苦難を負わされた聖書の民の物語は、心理的・信仰的に読者の物語となる。主人公（聖書の場合、それは神の側に立つ者）とのこうした同一化によって、聖書の物語が神聖ドラマ（sacred drama）としての宗教的意義を持つこととなる。すなわち、礼拝や朗読をとおして、聖書の物語を信仰者が自らの信仰体験として追体験することとなる。したがって、敵（antagonist）との自己同一化は、通常は起こり得ない。

こうした神の民との自己同一化は、信仰体験と信仰教育にとって不可欠なものである。神の民と自己同一化し、彼らの体験を信仰的に追体験することによって、信仰共同体が形成され、信仰は世代を越えて受け継がれてゆくからである。わたしたちは、韓国の民衆の神学による出エジプト記の解釈との対話と、嘆きと怒り、報復を願う詩編の解釈をとおして、苦難と報復から赦しと和解へと至る道のりを考えてみたい。さらに、新約聖書が苦難と報復から平和への道筋をどう語っているかを考察する。

1　民衆の神学による出エジプト記の解釈との対話

民衆の神学は、現在の韓国ではかつてのような活力を持っていない。しかしそのことで、民衆の神学の提唱した神学的・解釈学的主張そのものが無効になるわけではない。解放の諸神学の多くがそうであるように、民衆の神学もまた、聖書の物語と自分たちの物語の間に直接的な並列関係を見出すことを特徴としている（たとえば、

Carlos Mesters, *Defenseless Flower, A New Reading of the Bible*, trans. Francis McDonagh, Orbis, 1991）。

民衆の神学は聖書の「オクロス（民衆）」に焦点を当て、民衆を「政治的に抑圧され、経済的に搾取され、社会的に疎外され、文化的にも知的にも無教育なままにされた人々」のことであると定義する（Chris H. S. Moon, *A Korean Minjung Theology: An Old Testament Perspective*, Maryknoll, 1985, p. 1）。聖書の民はそのような意味で「民衆」であり、民衆は「恨 han」によって特徴づけられる。イスラエルの民は「恨」の民であり、新約聖書、特にマルコによる福音書の民衆「オクロス」も、韓国の民衆も共に、神が歴史の中で解放を告げ知らせる「恨」の民にほかならない（Ahn Byung Mu, *Minjung Theology: People As the Subjects of History*, Orbis, 1981）。神は聖書の歴史の中で常に民衆の解放の物語を主導してきた。その解放は、社会的、政治的、経済的な正義の実現だけのことではなく、メシア（救世主）による抑圧者と被抑圧者の連鎖が断ち切られることでもある（Moon, pp. 55–57）。

民衆の神学が持つ解放の神学としての重要な特徴の一つは、聖書が物語る、神による神の民（民衆）の解放の物語を直接的、並列的に韓国の民衆の自伝的物語と相関させる仕方で解釈することである。したがって、民衆の神学は二つの焦点、すなわち聖書の物語と韓国の民衆の物語を持ち、この二つの物語を神による同じ解放の働きとみなして現在の状況を解釈しようとする。このように民衆の神学は、聖書を神による解放の神聖ドラマ（sacred drama）として理解することに根拠を持つ。聖書が物語る神による解放は、根源的神聖ドラマとして、人類の歴史の中で幾度も自分たちのドラマとして追体験されることになるのであり、民衆の神学が解釈する出エジプトの出来事と日本からの韓国の解放も、そうした追体験の一つとして解釈される。

わたしたち日本人が民衆の神学による出エジプト記の解釈と対話するとき、必然的にある問いが生じることとなる。日本（人）はこの神聖ドラマの中に、どのような立場で登場するのかということである。民衆の神学が積極的に、出エジプト記が物語るイスラエルの民の解放と、韓国の民衆の自伝的体験を、神による解放の出来事として並列的に読むとするなら、日本の民衆もこれを、自分たちとは直接関わりのない他国・他民族の文脈化神学の一つとみなしてすませることはできないことになる。民衆の神学が提示する神による民衆の解放の物語は、この物語での重要な役割を日本の民衆に与えているからである。韓国の民衆が求めた解放は、抑圧者すなわち日本からの解放であった。この神聖ドラマにおいて韓国の民衆がイスラエルの民と同一化されているとすれば、日本はこの神聖ドラマにおいてエジプトと同一化されることになる。イスラエルの解放の物語は日本の占領からの解放を神の救済の物語とみなすパラダイムである（Suh Nam Dong, "Historical References for a Theology of Minjung," In *Minjung Theology: People As the Subjects of History*, Orbis, p. 158）。日本の軍事政権による韓国の占領支配は、エジプト人によるヘブライ人の奴隷化と同一化して解釈されることになる（Moon, pp. 15–17）。この神学的聖書解釈においては、日本はすでにこの物語に参加していることになる。ミルチャ・エリアーデが「表象は歴史を超えた世界への入り口を提供し、……そのことによって異なる複数の歴史が相互に関連し合うことができるようになる」と述べるとおりである（*Images and Symbols*, Philip Mairet, trans., Harvill Press, p. 174）。

わたしたち（日本人）は出エジプトの物語を読む場合、どのような視点から読んでいるであろうか。多くの場合、奴隷から解放されるイスラエルの民に対して感情移入し、彼らとの自己同一化をすることであろう。しかし、民衆の神学はわたしたちに対して、そうした読み方の否定を迫り、イスラエルの民を奴隷化し搾取してきたエジプト人との同一化を要求する。

出エジプト記は、イスラエルの民に対する苛酷な使役と虐待で苦しめたのが「エジプト人たち」であったことを複数形で表現している。イスラエルの民を奴隷化して酷使したのはエジプト人であり、その解放を拒んで十の災いに苦しんだのは、ファラオに代表されるエジプトの民であった。最終的に葦の海で神が救ったことを、出エジプト記一四章三〇節は「エジプトの手から」（聖書協会共同訳、以下同じ）と表現する。イスラエルの民を虐待し苛酷に使役したエジプト人を襲った十の災い、そしてエジプトの軍勢を壊滅させた神の奇跡は、出エジプト記に収録され、聖書として恒久的に繰り返し読まれ、神聖ドラマとして想起され追体験されている。イスラエルの民にとって、出エジプトの出来事は神による勝利の物語であり、記念し続けるべきドラマとして受け継がれる物語である。イスラエルの民は神によって「過越」を「主の祭りとして祝い、とこしえの掟として代々にわたって祝いなさい」と命じられた（出エジプト一二・一四）。その祝いのたびにこの物語を繰り返して語り続けるのは、エジプトで奴隷であったことを思い起こすためである（申命一六・一二）。子どもたちが「この儀式の意味は何ですか」と尋ねるなら、「それは主の過越のいけにえである。主がエジプトの地で、エジプト人を打たれたとき、イスラエルの人々の家を過ぎ越され、私たちの家を救われた」と答える（出エジプト一二・二六―二七）。これは、イスラエルの民がエジプトで体験した苦難の記憶の恒久化であり、神によるエジプト人の厄災と軍隊の滅亡の物語の固定化にほかならない。イスラエルの民とその子孫が、聖書をとおしてこのことを代々にわたって記念することが、この聖書の記述の目的なのである。

しかし、この出来事が聖書に収められ、神の救いのドラマとして恒久的に読まれることは、エジプト人にとって何を意味するのであろうか。苦難を受けた民が神の救いの体験を記念することは理解できる。しかし、加害者に下された厄災と破滅を、勝利の記憶として恒久的に保持し祝い続けることは必要なのであろうか。だが、聖書は出エジプトの物語をそのような様式で物語り、恒久的に想起され記念されるべき神聖ドラマとしている。聖書はそのことを正当なこととして物語るのである。

民衆の神学がイスラエルの民の出エジプトの物語を、韓国の民衆の物語と同一化して並行的に解釈し、自分たちが抑圧されてきた体験とそこからの解放の体験を出エジプトをとおして解釈することが意味することは明らかである。日本による支配と抑圧からの解放を、神の解放の物語（厳密には神と民衆の協働による解放の物語）とみなすのであれば、日本による支配と抑圧の苦難の体験を恒久的に記憶し語り続けることが必要であり、その苦難からの解放を喜び記念する祝祭もまた、恒久的に祝われるべきものだということになる。民衆の神学自体は衰退しているとしても、この救済の物語は今も苦難の想起と勝利の歓喜として記念され、祝われ、将来も祝われ続けるであろう。その事実を日本人および日本の教会はどのように受けとめるべきであろうか。たしかなことは、甚大な苦難と嘆き、そしてそのことによって呼び起こされる報復への願いは、個人はもちろん民族の物語の中で恒久的に物語られ続け、想起され、追体験されてゆくということである。その物語の中で、日本は常に苦難を強いた民、支配と抑圧をおこなった民として必然的に想起され、追体験されることになる。その現実を、日本および日本人は、そして日本の教会はどのように受けとめるべきか、そのことを考えることなしに、韓国の民衆との和解と交流は真の深まりを持つに至ることはないように思われる。もし恒久的に繰り返されるであろうこの追体験を、和解と受け入れ合いへと繋げる可能性があるとすれば、どのようにして可能となるのか。詩編および新約聖書の解釈をとおして考えてみたい。

2　怒りと報復の詩編は教会の典礼でどのように受けとめるか

(1)　報復の詩編は教会の典礼でどのように扱われているか

詩編はキリスト教礼拝の中で重要な役割を果たしてきた。しかし、詩編に繰り返されている敵への怒り、神による報復を求める祈り、敵の破滅を願う言葉は、典礼のための詩編から削除されてきたのが現実である。神の愛と憐れみ、赦しと和解とは対極と思われるそれらの箇所は、正面から向き合うにはあまりに異質だと感じられてきたことが、そうした削除の背景にある。詩編全体の一割が報復を祈る詩編だとすると、単純に計算して『讃美歌』には四編、『新聖歌』に五編含まれていてよいことになる。しかし、実際には詩編四〇編だけが報復の部分を省略したうえでこれらの賛美歌集に収められているだけである。明らかに、報復の願いや祈りの言葉は、意図的に典礼での使用から除外されている。その理由は明らかである。典礼の中で歌い、交読するには、報復や呪いの祈りは不適切だと判断されてきたことによる。そう判断する理由は、教会が受け継ぎ、教える赦しと和解の信仰と調和させることが難しいからであろう。だが、こうした省略は正当化されるべきものであろうか。Ｅ・ツェンガーは『復讐の詩編をどう読むか』（佐久間勤訳、日本キリスト教団出版局、二〇一九年）において、それが完全に不当であることを論証している。この点でわたしもまったく同感である。人類の中で繰り返されてきた、そして今も繰り返されている征服、抑圧、殺戮がもたらす怒り、憎しみ、報復の願いを超えての赦しは、二つの事実を考慮することなしには成り立たないと考える。

第一に考えるべき事実は、苦難を受けた者は、その痛みと怒り、報復の感情を忘れるのではなく、恒久化することである。水に流す、あるいはなかったかのようにふるまうことを赦しと同一視することは、問題の解決にはならず、現実においてもそうはならない。逆に、赦しが真実のものではなく擬似的なものであり続けることになる。苦難がもたらす痛み、怒り、報復の感情は明確に表明される必要があり、その体験は物語として伝承され、世代を越えて受け継がれる必要がある。聖書の苦難の民の物語がおこなっているのは、怒りと報復の感情の恒久化にほかならない。聖書の民はこうした物語を繰り返し読み、演じることによって、かつての苦難、また先祖の苦難を自分たちの物語として追体験する。だから痛みと怒り、報復の感情もまた追体験される。それを否定的に考え、抑え込もうとすることは、かえって真実の赦しを妨げることになるであろう。痛みと怒り、報復の感情を繰り返し追体験するということは、赦しもまた繰り返し体験し続けてゆくべきものだということであり、そのつど、赦すための努力と苦闘を、赦す側は体験することになる。その苦闘をとおしてしか赦すことは成り立たない。

第二に考えるべき事実は、苦難を与えた者は、相手の痛みと怒り、報復の感情が時とともに消えることはなく、むしろ民衆の・民族の・同族の伝承として受け継がれ、抱かれ続けてゆくものであることを知らねばならないことである。今も、苦難を受けた人々、そしてその記憶を追体験する人たちが赦しのためにどのような苦闘をしているかを理解し受けとめることなしには、赦しを安価なものとみなすことになり、赦そうとする者の思いを軽々しく受けとめることになる。赦される側が赦そうとする相手の思いを真剣に受けとめるのなら、赦される側の悔い改めも真実に繰り返されねばならず、同時に、同じ体験を再び繰り返すことがないための努力が求められることになる。そこに、平和主義と非戦、反戦を主張する根拠があるのではないか。

(2) 報復を祈る詩編をどう解釈するか

字数の関係で、詩編の引用は抜粋とさせていただく。全文は聖書を参照していただきたい。

① 詩編五八編

神々よ、本当に義を語っているのか。
人の子らよ、公平に裁きを行っているのか。
いや、あなたがたは心では不正をなし
地上ではその手の暴虐を広げている。
………
神よ、彼らの口の歯を砕いてください。
主よ、若獅子の牙を折ってください。
彼らは水のように流れて消え去り
踏まれた草のように朽ち果て
なめくじのように溶け
日の光を見ない死産の子となるがよい。
………

正しき者はこの報復を見て喜び
悪しき者の血で足を洗う。

公の礼拝の場で歌われたこの詩編は、本来であれば正しい支配をおこなうべき者がいかに悪しき支配者であるかを二―六節で描写する。不正と暴虐をおこなう悪しき者は、生まれながらの特権階級なのであろう。彼らの暴虐さは七節で牙をむく若獅子にたとえられる。こうした悪しき者に対する呪詛が、四つの表現により階層的に積み上げられる。意味がしばしば不明瞭で解釈が多様な箇所だが、聖書協会共同訳の翻訳に基づけば、「悪しき者」に対する四つの呪詛は以下のとおりである。(1)「水のように流れて消え去り」、(2)「踏まれた草のように朽ち果て」、(3)「なめくじのように溶け」、(4)「日の光を見ない死産の子となるがよい」。いずれもこの世界から跡形もなく消え去ることを切望する表現である。彼らの速やかな消滅を詩人は祈り求める。こうした強烈な悪しき者への呪詛と破滅の祈りにもかかわらず、この詩編の詩人は、報復と悪しき者の破滅を自分たちの手でおこなうことを願い求めない。実際、それは無力な者が獅子に素手で立ち向かうような不可能事である。あくまで詩人が求めるのは、神による裁きとしての、神の報復である。詩人は一一節で「正しき者」(ツァディーク)を登場させる。これが意味するのは、「邪悪な者たちの抑圧に苦しむ社会的弱者」であろう(月本昭男『詩篇の思想と信仰Ⅲ』新教出版社、二〇一一年、一〇九頁)。詩人は正しき者を苦しめ、餌食としてかみ砕く悪しき者を、すべて地上から消し去ってくださいと祈り、神にその実行を祈り求める。詩人が確信を込めて宣言するのは、「地には裁く神がおられる」ことである。悪しき者によって苦しめられている正しき者は、自分たちの苦しみと同等のことを神が裁きとしておこなってくださることを切望すると同時に、それが実現することの確信を表明する。「正しき者はこの報復を見て喜び、悪しき者の血で足を洗う」。搾取され、暴虐の犠牲にされてきた正しき者は、神の裁きの結果として、搾取されることなく、「実り」(詩編一・三参照)を得る。

この詩編は、極限の不正義と暴虐の現実にさらされてきた人々への想像的共感を抱いてはじめて、理解することができる。嘆きと怒り、悪しき者への敵意と憎しみを、詩人は自らの内に溜め込むのではなく、神に向かって率直に表明する。自分の手で報復をおこなうことを願うのではない。神の裁きによる報復だけが詩人の切なる願いであり、祈りである。暴虐な者によって与えられた苦難と犠牲が大きければ大きいほど、神への祈りの言葉は率直な嘆きと怒りの表明となる。神に訴え祈る時のみ、人は心の奥底の思いを吐露することができる。それは神による報復の実現を切望するだけでなく、必要な嘆きの時を過ごす、グリーフワークの時でもある。

② **詩編八三編**

神よ、沈黙しないでください。
神よ、押し黙らないでください。
静まり返らないでください。
ご覧ください。
あなたの敵が騒ぎ立ち
あなたを憎む者は頭をもたげました。
………
彼らは言います
「さあ、彼ら、国民《くにたみ》を滅ぼそう
イスラエルの名が
　再び思い起こされることのないように。」
………

わが神よ、彼らを風に転がる枯れあざみのように
風に舞うわら屑のようにしてください。
林を焼く火のように
山々を焦がす炎のように
あなたの嵐によって彼らを追いやり
あなたのつむじ風によって
彼らをおののかせてください。

……

この詩編がイスラエルの民の苦難の歴史を想起させるものであることは、五節の言葉が明らかにしている。「彼らは言います。『さあ、彼ら、国民を滅ぼそう、イスラエルの名が再び思い起こされることのないように』」。民族のジェノサイドが繰り返し企てられてきた歴史、それが実行され、暴力と殺戮による存亡の危機を民族が体験してきた現実を、この詩編は歌い上げる。どれほどの危機をイスラエルの民は体験してきたことか。そうした敵意と破滅への欲望を抱く諸民族のふるまいを、詩人は、イスラエルの民に向かって敵対することとしてではなく、イスラエルの神に対して敵対する行為とみなす。ここに挙げられる諸民族の名は、イスラエルを取り囲むすべての民族の一覧である。ただし、歴史的にこうした諸民族の連合があったということよりも、J・K・メイズによれば「歴史的データというよりも、礼拝目的のために一まとまりにされた名前の組み合わせ」である（現代聖書注解『詩編』左近豊訳、日本キリスト教団出版局、二〇〇一年、四一六頁）。ここで表現されるのは、いかに繰り返し諸民族がイスラエルの民に敵対し、そのために繰り返し存亡の危機にさらされてきたかの現実である。最後に詩人は圧倒的超大国の象徴として「アッシリア」の名を挙げる。

この詩の主題の一つは「神の沈黙」である。詩人は冒頭で「神よ、沈黙しないでください」と願う。繰り返されてきた民族存亡の危機の中で、イスラエルの民は自らの無力さを体験させられてきた。その苛酷な体験を想起して、詩人は自分たちの手で報復をすることを願わない。それが不可能であることを体験的に知っているからに違いない。しかし、神の沈黙は恒久的ではなく、神がイスラエルの民をいっさい顧みないことの証しでもない。詩人は神がかつておこなわれた二つの報復を一〇―一三節で想起し、そのことを根拠として、神の介入を待ち望み、祈り求める。体験が苛酷であった分、神への報復の願いも率直であり、強烈である。敵対する者たちがイスラエルの民の滅亡を目論んでおこなってきた暴虐に相応する報復を、神が実行してくださることを祈り求める。「いつまでも彼らが恥を受け、おののき辱められて、滅びますように」と。ひとえに神が沈黙を破り、報復してくださることが願いである。なぜなら、神の民に敵対して苦しめる者たちが真に敵対するのは、イスラエルの民ではなく、神だからである。「彼らは共謀し、あなたに逆らって契約を結びます」と詩人は語る。それが神への敵対であることを明らかにして、神が神の敵を滅ぼしてくださることを祈り求めるのである。この詩もまた、民族の殲滅を画策する敵に対して、自分たちの力では立ち向かうことのできない事実を認めて、神が報復してくださることを祈り求め、その実現を、確信を込めて願う詩である。

ただし、詩人はただ単に神による裁きの報復を祈り求めるのではない。詩人の究極の願いは、最後の一九節に歌い上げられる。「こうして彼らは知るようになります。あなたの名は主。あなただけが全地の上におられるいと高き方であることを」。

③詩編九四編

報復の神、主よ。

報復の神よ、輝き出てください。

……

主よ、悪しき者はいつまで
悪しき者はいつまで勝ち誇るのでしょうか。
彼らは思い上がった言葉を吐き散らし
悪事を働く者は皆、傲慢に語ります。
主よ、彼らはあなたの民を打ち砕き
ご自分の民を苦しめます。
やもめや寄留の民を殺し
みなしごを虐殺します。
彼らは言います
「主は見ていない。
ヤコブの神は気付かない」と。

……

しかし、主はわが砦となり
わが神はわが逃れの岩となられた。
主は彼らの不義に報い
彼らをその悪のゆえに滅ぼされる。
我らの神、主は彼らを滅ぼされる。

神を「報復の神（エル・ネカモート）」と呼ぶことに、この詩の特徴がある。申命記三二章三五節とともに、後で扱うローマの信徒への手紙一二章一九節でのパウロの言葉の根拠となったと考えられるこの神理解は、旧約聖書の重要な概念の一つと言える。ただし、「報復の神」という表現が用いられるのは、この詩編だけである(月本昭男『詩篇の思想と信仰 Ⅳ』新教出版社、二九二―二九三頁)。詩人は、報復の神が輝き出ること、つまり神が報復を人々が実感できる仕方で実行してくださることを願う。現実がまだそうなっていないことへの嘆きの歌でもある。詩人が神による報復を願う「悪しき者」は、高ぶり、傲慢な者である。その所業を詩人は「あなたの民を打ち砕き、ご自分の民を苦しめ」、「やもめや寄留の民を殺し、みなしごを虐殺します」と語る。神がご自分のものとして保護する神の民への暴力が振るわれ、本来は保護すべき弱い者の象徴であるやもめ、寄留の民、みなしごへの暴虐がなされたことを取り上げて、悪しき者の所業を神に訴える。悪をおこなう者に立ち向かうのは、正しき者たちではなく、「主(アドナイ＝ヤハウェ)」ではないのかと、修辞的疑問文を用いて問いかける。「悪をなす者に対し、誰が私のために立ちはだかるだろうか」と。最後に、神に信頼する者には神が砦、岩となって守ってくださることと、悪しき者を神が滅ぼすことを対比して、並列的に述べて終わる。

この詩編は神を「報復の神」と呼ぶが、悪しき者によって苦しめられた者のために、神が報復を代行するという意味ではない。詩人は、神の両面性を表現する言葉を語るのである。正しき者を慈しみのゆえに支え、悪しき者を滅ぼす。神がこの結末をもたらす方であるということへの信頼こそ、「報復の神」の意味することである。ここでも自分たちの手による報復を詩人は願い求めない。報復は神のなすことであり、自分たちへの報いは神の守りである。そして神による報復は、復讐がなされることによる満足や快感のためではなく、神が正義をおこなうという意味に理解すべきである。

④ 詩編一三七編

バビロンの川のほとり

そこに座り、私たちは泣いた。
シオンを思い出しながら。
………
主よ、思い出してください
エドムの子らを
エルサレムのあの日を
彼らがこう言ったのを
「剝ぎ取れ、剝ぎ取れ、その基まで」と。
娘バビロンよ、破壊者よ
幸いな者
お前が私たちにした仕打ちを
お前に仕返しする者は。
幸いな者
お前の幼子を捕らえて岩に叩きつける者は。

エルサレムを陥落させ蹂躙した、バビロニアとエドム人への同害報復を、深い慟哭とともに祈り求める詩は、この詩が歌われるのを聞くイスラエルの人々の感情を、時代を超えて深く揺り動かしてきたことであろう。そして現代にこの詩を聞く人々も、想像力をかき立てられ、彼らの慟哭に深い共感を抱くこととなる。過激な報復を願う言葉は恐怖さえ呼び起こす。詩の作者はかつてエルサレムの神殿に仕えていた音楽隊の一人であったと考えられている（メイズ、前掲書、六二二頁）。この詩が描写することは、詩人が実際に体験した出来事に基づいているとしか思えない。子らの殺戮は民族殲滅を意図したものであり、したがって、それは民族の記憶、民族の物語として、決して忘れることのできない体験である。忘れることを断固拒否して思い起こし続け、民の記憶として受け継がれ続けねばならない。その確信が、この詩には込められている。

この詩もまた、自身の手による報復を願うのではなく、報復を神に祈る詩である。神に向かっての訴えであるゆえに、心の奥底からの思いが緩和されず直接的に表明される。慟哭と報復の願いは一時のことですまされず、繰り返し、時代を超えて、民族の歌、祈りとして受け継がれてきた。

(3) 報復を祈る詩編をどう受けとめるか

① 報復を祈る者の立場

これらの報復の詩編から、何を読み取るべきか。宗教行為として礼拝の中で歌われ、共有され続けるために、聖典の中に収められていることの意味を、どう考えるべきなのであろうか。さらには、キリスト教が報復の詩編を聖典として受け継ぎ、教会の礼拝で、また個人の黙想や祈りの中で報復の詩編を読み続けることの正当性を、どのように説明することができるであろうか。報復の詩編は聖書にあるとしても、実際には典礼の中でも個人の黙想の時にも用いないようにすることで、この問題を避けるべきであろうか。

韓国をはじめアジア諸国の人々との交流を通して、赦しと和解は理性においては成立したと相互に考えたとしても、魂の奥底あるいは情念の深層において、消えることなく残り続ける怨嗟と怒りの思いがあることを実感させられてきた。苦難を受けた者は、それが個人であれ民族の体験であれ、その出来事を想起し記念し続ける。そのときに体験される嘆きと報復への祈りの先にしか、赦しはない。赦される側にある者は、赦す者たちがそのような悲嘆の追体験をし続け、痛みと悲嘆を負い続けながら赦そうと意志することを、理解し受けとめることが不可欠である。報復を祈る詩編は、こうした霊的巡礼の証言であり、例証にほかならない。

報復の詩編は、憎悪と怒りを直接加害者に向けるのではなく、徹底して神に向き合い、神に祈り願うものであることを見てきた。苦難を負った人々が自ら報復を実行することは想定されてはおらず、直接報復をおこなうことを神に求めてもいない。自ら報復をすることが「できない」という現実だけでなく、自ら神に向き合い、神にのみ訴えることをとおして、報復を「しない」意志をも込められていると受けとめるべきである。徹底して神への祈りであることに注目することが重要である。その意味で、これらの詩編にある関係性は、苦難の人々と加害者の直接の関係ではなく、苦難の人々と神の関係に特化している。被害者による加害者への直接の報復を願う祈りではない。しかしそれは、被害者が加害者への怒りと報復への思いを軽微なものにするということではない。おこなわれた悪、与えられた苦痛は忘れられることなく想起され続ける。もし被害者が加害者に対する直接の報復を願い、それを実行しようとするなら、報復の連鎖が生じることになる。報復を願う詩編は、徹底して神に向き合うことにより、報復の連鎖を引き起こすことがない。

② 報復を祈られる者の立場

ヘブライ語聖書は、ヘブライ人が歴史的信仰体験の中で生み出した宗教文学である。彼らが聖書の中で物語る歴史と体験は、出エジプトとバビロン捕囚という、二つの大きな出来事を焦点としている。そこで強調される体験は、不当な虐待と殺戮、嘆きと悲しみ、そして神による救出と回復である。歴史的体験を振り返る視点は、あくまで苦難の民のものであり、神は彼らを苦難から救出する神である。旧約の歴史書はイスラエルの民による侵略と破壊、虐殺を語るものの、自分たちを加害者とみなす視点はほとんど語られていない。あくまで、ヘブライ語聖書の焦点は自分たちの苦難の体験とその意味、苦難からの救出に置かれている。詩編は勝利と栄光の神を歌うものもあるが、苦難の民としての体験を歌い、そこからの救いを願う祈りが詩編全体にちりばめられているのであり、自らを加害者という立場に置く詩編はない。したがって、報復を祈られる側である加害者の側からの歌は存在していない。それは、彼らヘブライ人が加害者になったことがないということとは別である。事実、旧約の歴史書はイスラエルによる異民族の虐殺を多く物語っている。しかし、そこに加害者意識が生まれないのは、それが神による命令と受けとめられているからである。要するに、旧約聖書を見るかぎり、被害者の体験は追体験することができるが、加害者としての体験を聖書から追体験することは難しい。そのためには、被害者の苦難の体験をイマジネーションにより追体験すること、つまり被害者の側に身を置く想像力が求められる。それなしには聖書をとおしての和解と平和への道は、道半ばで終わり、その先に進むことができない。

詩編の解釈で見たとおり、犠牲者は徹底して神のみに向かい、怒りを表明し、嘆き、報復を願う。そのように最終的には神に向き合うとするなら、加害者もまた同様でなければならない。加害者にできることは、詩編の報復の歌をとおして神と向き合うことではなかろうか。その結果として加害者が求められるのは悔い改めである。時代と文化を超えて、詩編の報復の歌が物語る苦難と同じ行為は繰り返されてきたのであり、現在も繰り返されている。加害者の悔い改めは当事者個人だけでなく、民族、国家の体験と記憶として想起され、受け継がれる。報復の詩編の解釈をとおして、被害者、加害者の両方がその現実と向き合うとき、被害者と加害者が対話し和解する可能性が開かれると考える。

3　新約聖書における報復

新約聖書において神による報復を大きな主題として物語るのは、ヨハネの黙示録である。しかし、この文書も報復を徹底して人の手から切り離し、神によるものへと転換している。ただし本論でヨハネの黙示録を扱うことは、原稿の分量と著者の能力を超えることなので、今回は扱わない。新約聖書から、ローマの信徒への手紙一二章一九―二一節、ペトロの手紙Ⅰ四章一二―一九節、そして報復とは直接関係しないが、イエスによる赦しの意味を示唆する箇所として、ヨハネによる福音書二〇章二四―二七節の三か所に焦点を当ててみたい。

(1) ローマの信徒への手紙一二章一九―二一節

愛する人たち、自分で復讐せず、神の怒りに任せなさい。「『復讐は私のすること、私が報復する』と主は言われる」と書いてあります。「あなたの敵が飢えていたら食べさせ、渇いていたら飲ませよ。そうすれば、燃える炭火を彼の頭に積むことになる。」悪に負けることなく、善をもって悪に勝ちなさい。

パウロはローマの信徒への手紙で、「平和」をこの手紙全体を貫く主題としている。特に、ローマのキリスト教徒たちがどのような交わりと生活をするべきかを教える一二章から一五章にかけては、パウロは神を「平和の神」(一五・三三)と呼び、「すべての人と平和に過ごしなさい」(一二・一八)、「神の国は……義と平和と喜びなのです」(一四・一七)、「平和に役立つことや、互いを築き上げるのに役立つことを追い求めよう」(一四・一九)と勧め、神が「喜びと平和とであなたがたを満たし……てくださいますように」(一五・一三)と祈り求めている。パウロにとって、「平和」は教会の中に不可欠のものであったし、また、社会的な関わりの中で、常に求めてゆかねばならない、いわばキリスト者の目印であり存在意義である。その平和は、直接的な武力や暴力の行使があるかどうかというだけのことではなく、キリスト者の精神的なあり方、人々の対人・対神関係の基礎であるべきものであった。だからこそ、一五章一三節でパウロは、平和のことを、「信仰によって得られる」ものだと述べる。

パウロによれば、平和は常に実践されていてこそ、キリスト者がキリスト者として生きることに意味を持ってくる。「平和を生きる」のがキリストを信じる者のあり方である。では、パウロはどのようなことを平和の実践と考えていたのであろうか。一二章一四―二一節でパウロは、ローマのキリスト者が携わるべき平和の実践を勧告している。そしてその中心は、自分たちに対して悪をおこなう者にどう向き合うかということにある。ローマのキリスト者が置かれている困難な現実の中で、彼らがどう「平和を生きる」かを、パウロは具体的に示すのである。

パウロにとって、悪に対して報復することは許容され得ることではなく、自ら報復すること自体を悪しきことと規定する。しかしパウロは、キリスト者が悪に対して悪をおこなわないことで十分だとは考えない。それ以上の積極的な信仰的生き方を命じるのである。「すべての人の前で善を行うよう心がけなさい」と。わざわざ「すべての人の前で」と述べるのは、そこに悪を仕向けてくる者も含まれることを知らせるためであろう。ヴィルケンスは、パウロが箴言三章四節との対応を意識して「エノーピオン」を用いたとみなして、「すべての人に対して」と解釈する（EKK新約聖書註解『ローマ人への手紙（12―16章）』岩本修一訳、教文館、二〇〇一年、三一四二頁）。そうであれば、この箇所の真意は、誰の前でも同じようにふるまうといったことから一歩進めて、前にいる相手が悪しき者であるとしても、という意味合いが込められていることになる。そうした生き方こそが平和を生きる道だからである。一八節でパウロは条件法を用いて「できれば」（あるいは、「もしできるなら」）と「せめてあなたがたは」という二つの表現を加えることによって、「すべての人と平和に過ごす」ことが通常の社会通念から考えて、まったく異質なことであることを示唆する。キリスト教徒であるゆえに、他の人々の常識とは異なる生き方が（神に）求められているということになる。

パウロの語り方から推測される一般常識とは、敵と味方に仕分けして、味方とは平和に過ごし、敵とは対立し、報復する生き方である。そこで、パウロは本来なら敵とみなすべき、悪をおこなってくる者たちに対して、どのように対応すべきかを告げる。そのことが特に重要であり、かつそれを強く意識してもらいたいことを示すために、パウロは改めて「愛する人たち」と呼びかけて、申命記三二章三五節を根拠として命じる。「自分で復讐せず、神の怒りに任せなさい」と。パウロは神の報復がいつおこなわれるかを明らかにしてはいない。終末の裁きを念頭に置いていると考えるべきであろう。そうであれば、人間的な意味での復讐ではなく、神の正義に基づく裁きを意味している。悪に苦しめられる者は、一切を神に委ねるべきである。しかし、それだけでは消極的な生き方にすぎない。キリストを信じる者には、そこから一歩踏み込んで、「そうではなく」（アッラ）、悪をおこなってくる者たちに対する積極的な生き方が求められる。箴言二五章二一―二二節からの引用により、「あなたの敵が飢えていたら食べさせ、渇いていたら飲ませよ」と命じるのである。さらにパウロはここで引用を終わらせず、箴言の続きをも引用する。「そうすれば、燃える炭火を彼の頭に積むことになる」。この言葉は、愛の行為が結果として神による裁きをもたらすという意味に解釈すべきではなく、「敵対者の悔恨および赤面に関連づけることを積極的に支持する」というE・ケーゼマンの意見を採用すべきであろう（『ローマ人への手紙』岩本修一訳、日本キリスト教団出版局、一九八〇年、六四八頁）。二一節でパウロはこの段落全体をまとめる仕方で、あらためてキリスト者の生き方を簡潔に提示する。「悪に負けることなく、善をもって悪に勝ちなさい」と。

全体を貫く主題は、自分たちを苦しめる者を終末における神の裁きに委ねて、この世においてどう信仰的に生きるかということである。被害者が報復を神に委ねることは、単に報復能力がないからという理由ではなく、加害者に向き合う前に、まず神に向き合うためである。それは、被害者が自分で報復をおこなうこと自体が悪であるということと同時に、報復の連鎖を否定することでもある。しかし、加害者の側はそれで終わることを許されない。加害の事実と罪責は神の手の内にあるからである。したがって、加害者は神との関係性において自分の罪責を悔い改め、そのうえで、被害者が要求するからという理由ではなく、神の前における責任として、犠牲者に向き合うことが求められる。

⑵ ペトロの手紙Ⅰ四章一二―一九節

愛する人たち、あなたがたを試みるために降りかかる火のような試練を、何か思いがけないことが起こったかのように、驚き怪しんではなりません。かえって、キリストの苦しみにあずかればあずかるほど、喜びなさい。……キリスト者として苦しみを受けるのなら、恥じてはなりません。かえって、この名によって神を崇めなさい。なぜなら、裁きが神の家から始まる時が来たからです。……

ですから、神の御心によって苦しみを受ける人は、善い行いをし続けて、真実であられる創造主に自分の魂を委ねなさい。

「愛する人たち（アガペートイ）」という呼びかけによって、ペトロは手紙全体の目的を、最後のまとめとして告げる。その目的とは、キリスト信仰が繁栄や安泰のためではなく、天に蓄えられている財産を受け継ぐ者とされることであり（一・四）、「選ばれた民、王の祭司、聖なる国民、神のものとなった民」とされることであり（二・九）、信仰がこの世の常識、この世のあり方とは相容れず、むしろ信仰のゆえに「悪人呼ばわり」（二・一二）され迫害されることになり、それゆえにキリストを信じて生きることは「寄留者であり、滞在者」となることだと、読者に理解させることである。呼びかけに続いて、「驚き怪しむな」という命令を最初に告げる。なぜ悪をおこなっていないのに苦しみに遭うのか。それは信仰者の必然だからである。何を驚き怪しんではならないのか。「あなたがたの内に試みとなる火が燃えることが、あなたがたに起きていることを」。新共同訳は「あなたがたを試みるために身にふりかかる火のような試練」と訳す。聖書協会共同訳も新共同訳とほとんど変わらず、「あなたがたを試みるために降りかかる火のような試練」と訳す。どちらの訳も、試練は信仰者の外から降りかかるものとして解釈している。だが、ここでペトロが言うのは、信仰者の内側で試みとなる火が燃えるのであり、それが試練となるということではないのか。そうだとすれば、ここでペトロが告げるのは、試練は外から来るのではなく、不当な悪口、中傷誹謗などを受けたことによって、信仰者の中に燃え出てくる怒り、嘆き、憎しみ、敵意の火が試練となることである。神を信じる者が、不当な苦難を受けることによって、怒りと嘆き、そして報復の火を内に燃やすことは、実に多くの詩編が証言している。新改訳２０１７は「あなたがたを試みるためにあなたがたの間で燃えさかる試練」。この訳は、「あなたがたの間で」とすることによって、どちらともはっきりしない曖昧さが残る。岩波版は「あなたがたに試みとして生じる火があなたがたの中に燃えるのを」。この訳が日本語訳聖書としてはもっとも良いように思う。

どのように驚き怪しんではならないのか。「あたかもあなたがたにとって初めて起きているかのように」。ここでペトロは信仰ゆえに受ける苦難を、思いがけない体験であるかのように動揺することを戒める。なぜなら、キリストがそうした苦難の前例であり模範だからである。

信仰ゆえの苦難は、キリストに倣うならば当然のこととして予期すべきことである。この世が反キリスト的であることは明らかだからである。この世の価値基準からすれば、キリスト者は異質な存在だが、神の基準から見れば、この世が異質なのである。ただ、その価値判断がこの世で逆転するのは、キリスト者が圧倒的に少数者であり、この世の価値を生きる人々が圧倒的多数者だからである。キリストと一つに結ばれていることは、キリストの愛、憐れみ、正義と結ばれて生きることであり、それゆえキリストと同じように苦難を受けることになる。そのことが信仰者に動揺を与えることになってはならない。

一三節をペトロは「そうではなく（アッラ）」で始める。驚き怪しむのではなく、「キリストの苦難にあずかればあずかるほど、喜べ（カイレテ）」と命じる。信仰者の今の苦難は、ただ耐え忍ぶだけのためのものではなく、終わりの日にキリストが栄光とともに来られる時の喜びを先取りする喜びが伴う。キリストの苦難にあずかることは、キリストに属する民とされていることの証しであり、「選ばれた民、王の祭司、聖なる国民、神のもの」（二・九）とされ、それゆえに世の定住者であることから切り離されて、「寄留者、滞在者」（二・一一）とされた者であることが表されることである。

キリストの名のために非難されることがなぜ幸いなのか。「栄光の霊、すなわち神の霊が、あなたがたの上にとどまってくださるから」である。ここでペトロは、キリストの上にとどまっていた神の霊を思い起こし、その同じ霊が信仰者の上にとどまっていることを語っているのであろう。しかし、苦しみであればすべて同じというわけではない。信仰のゆえの苦しみは、悪事の結果の苦しみと峻別される。この世の法廷で（正当に）裁かれる悪事は、キリスト者として避けなければならない。こうした行為によって裁かれるのは恥ずべきことである。

それとは対極的なキリスト者の体験が続く。「だが、もしキリスト者として、であるなら」と。キリスト者にとって、事態はまったく異なる。「恥じることをするな、この名において神に栄光を帰せよ」。世間の人々がどのように考えようと、どう中傷誹謗しようと、キリスト者は胸を張って、誇り高く神をたたえて生きるべきである。

「裁きが神の家から始まる」という思想は、エレミヤ書二五章二九節、エゼキエル書九章六節に基づくイスラエルの裁きを教会に適用したと考えられる。裁きは公平で、すべての民に及ぶが、神の民から裁きが始まる。神の裁きを信仰のゆえの苦難とどのように結びつけているのかは明確ではない。だが、著者は現在の苦難を神の裁きの始まりと見ているのであろう。ここでペトロは、信仰者に対する裁きと、神の福音に従わない者に対する裁きを対比させている。この対比は箴言一一章三一節を根拠としている。「正しい人が辛うじて救われるのなら」は、信仰者に楽観を許さない。神を信じている者は、信仰ゆえの苦難を喜んで耐えることが求められる。それが救いを現実にするからである。「不敬虔な者や罪人はどうなるのか」。直接にはペトロは答えないが、答えは読者にとって明白であることを示唆する。一九節でこの主題の結論として、信仰者の生き方が、道標のように与えられる。「神の意志に基づいて苦しみを受けている人たちは、自分たちの魂を真実な創造主に委ねよ、善をおこないながら」（直訳）。良い時も悪い時も変わらずに、善を生きつつ神に信頼することが、歩むべき道である。

ペトロは徹底して、キリスト者がキリストに倣う者として自らを神に委ね、善を生きることを求める。悪をおこなう者に対して信仰者の内に湧き上がる怒り、嘆き、憎しみ、敵意が信仰者に試練となる。内に燃えるこの試練の火が簡単に消えないことを、ペトロはよく理解しているとしか思えない。悪をおこなう者によって苦難に遭わされたキリスト者は、内に燃える火の試練に向き合い、耐えながら善を生きることになる。赦しについても、まったく同じことが言える。そうであれば、赦しは赦そうとする者にとって、決して易しいことではない。内なる火に向き合い耐え忍びながら、赦すための内的、霊的な苦闘があることを、赦される側が理解することなしには、加害者すなわち赦される側の悔い改めは真実なものとならず、この悔い改めなしには、真の和解に至ることはできない。

(3) ヨハネによる福音書二〇章二四―二七節

十二人の一人でディディモと呼ばれるトマスは、イエスが来られたとき、彼らと一緒にいなかった。そこで、ほかの弟子たちが、「私たちは主を見た」と言うと、トマスは言った。「あの方の手に釘の跡を見、この指を釘跡に入れてみなければ、また、この手をその脇腹に入れなければ、私は決して信じない。」八日の後、……イエスが来て真ん中に立ち、「あなたがたに平和があるように」と言われた。それから、トマスに言われた。「あなたの指をここに当てて、私の手を見なさい。あなたの手を伸ばして、私の脇腹に入れなさい。信じない者ではなく、信じる者になりなさい。」

筆者の確認したかぎり、ほとんどの注解書がこのペリコーペの意味を、地上のイエスと復活のイエスの同一性を証しし、イエスの復活に対する疑いを払拭して、見ないで信じることの幸いを告げ知らせるものと解釈する。そのため、復活のイエスの肉体にある傷そのものについては、いずれの注解者も大きな関心を示してはいない。E・ヘンヒェンによれば、福音書の語り手は、復活のイエスの傷が癒されていたかどうかについては触れておらず、「傷は復活のイエスと地上のイエスの同一性を証言」するものであったと述べる（*John 2*〔Hermeneia〕, Fortress, 1984, p. 211）。R・ブラウンは、「福音書記者は復活のイエスの身体についての細かい情報を提供する意図はほとんどない」と述べて、傷の問題についてはそれ以上触れていない（*The Gospel According to John XIII-XXI*, Doubleday & Company, 1970, p. 1026）。たしかに、このペリコーペのおもな日的は、見ないで信じることの重要さを教えることにあるのであろう。

しかし、復活の主イエスの身体に十字架上で受けた傷が残されていることの意味が、地上のイエスと復活のイエスの同一性、あるいは復活のイエスが真に肉体を有していたことの証明というだけですませることができるであろうか。もしパウロがコリントの信徒への手紙Ⅰで物語るように、復活は「朽ちるもので蒔かれ、朽ちないものに復活し、卑しいもので蒔かれ、栄光あるものに復活し、弱いもので蒔かれ、力あるものに復活し、自然の体で蒔かれ、霊の体に復活」するのであるとしたら（一五・四二―四四）、復活の主イエスの体に釘と槍の傷跡が残されていることは、単に同一性の証明というだけでは説明が成り立たない。地上での体あるいは精神に受けた傷が、復活の体に引き継がれているとは、とうてい考えられない。そうであるとすれば、復活の主イエスの体に傷が残されているのは、復活の主イエスが十字架刑による虐待と暴力で受けた傷を帯び続けることを、自ら引き受け、それゆえに傷が残されていると考えるべきであろう。この事実は、復活の主イエスによる罪の赦しの意味と深く関係しているはずである。

わたしたちはこれまで、苦難を強いられた者にとって、苦難を加えた者の罪を赦すことがいかに精神的、霊的な苦痛を伴うものであるかを見てきた。赦そうとする者は、そのたびに受けた痛みを思い起こさなければならない体験をしながら赦すことになる。もしイエスの十字架が、全人類の罪のゆえであり、その赦しを実現するためのものであったとするなら、イエスは世の終わりまで人々の罪を負い、赦し続けることになる。復活のイエスの体に残された傷は、世の終わりまでイエスが赦し続けることの証しであり、復活のイエス自らがその体に帯び続けることを決意した傷にほかならないのではないか。そうであれば、イエスがトマスに言われた、「あなたの指をここに当てて、私の手を見なさい。あなたの手を伸ばして、私の脇腹に入れなさい」という言葉は、今も、世の終わりまで、すべての人々に対するイエスの呼びかけであることになる。赦される者はイエスが苦難の傷を今も負い続けていることを悟ることが必要である。わたしたちは最初の弟子たちのように、イエスの傷を直接目にすることはない。しかし、今も復活の主イエスの体には、すべての人の罪を負うゆえに受けた苦難の傷が残り、わたしたちはその傷を見ないでも信じるのである。そして、その事実は同時に、苦難を負わされた者が加害者を赦すことは、その痛みと嘆きを思い起こしながらのことであることの徴でもある。

4　平和主義への道程

民衆の神学による出エジプトの解釈、旧約聖書の詩編、そして新約聖書の三か所をとおして、暴力的な苦難について概観してきた。聖書はいずれも被害者、すなわち苦難を受けた者の立場から、その嘆きと怒り、そして報復を物語るのであり、加害者の立場からの証言はない。しかし、両者の和解、そして平和主義の道は、被害者と加害者、報復を祈る者と報復を祈られる者の両方によってしか成り立たない。そこで、加害者の側は被害者の悲嘆と嘆き、神への報復の祈りをとおして、被害者の体験と悲嘆、その想起を、想像力によって追体験し、そのことに基づく悔い改めと和解を願うことが求められる。被害者が繰り返し苦難を想起し、悲嘆し、神に報復を願わずにはいられない事実が継続されることを、加害者が理解し認めることが必要である。したがって、悔い改めと謝罪も繰り返され、継続されることが必要である。

そのとき、二つのことが起きるはずである。一つは、過去に加害者と被害者の関係にあった者がそれぞれの体験と記憶を担い続けることによってのみ、両者の間に平和が構築される。もう一つは、加害者と被害者という関係を生み出すことが双方にどれほどの嘆きと痛みをもたらすかを理解するとき、そのような関係を生み出さないためにどうすべきか、何ができるかを真剣に祈り求めるはずである。この二つが平和を作り出すことを可能にするのであり、そのような歩みを進めることが、被害者、加害者双方にとっての報復からの解放であり、平和主義へのたしかな道程であると信じる。

キリスト教平和主義の論点——アナバプティズムの視点から

矢口 洋生

キリスト教はローマ帝国の支配圏に生まれ、その中で発展した。帝国内の少数派として、政治権力から遠いところに存在したころ、「平和主義」はキリスト教の特徴のひとつだった。平和は、イエス・キリストの言葉と生涯から導き出された必然だった。

兵役についたキリスト教徒の記録は、少なくとも紀元一四〇年代まではない。変化が起きたのは四世紀である。ローマ帝国内で迫害の対象だったキリスト教は、コンスタンティヌス大帝のミラノ勅令によって許容され、やがて優遇され、ついには強要されるようになった。ローマ帝国の公認宗教になったのである。それにともない、兵役や戦争に関する考え方が変化した。キリスト教のパトロンとなったローマ帝国を守ることが、キリスト教徒の責務と考えられるようになったからである。その責務の延長線上に生まれたのが正当戦争という政治神学である。ローマの政治家キケロに由来する戦争観をアウグスティヌスが発展させ、中世期にトマス・アクィナスが体系化した。この伝統は、主流派キリスト教会において現在も引き継がれている。核戦争が現実の脅威となった今日、武器・兵器の驚異的進化によって正当戦争が示す基準が意味をなさなくなった現代において、もはや国家がキリスト教の保護者ではなくなったにもかかわらず、戦争に関する一般的神学は依然として正当戦争を前提としている。そのことは、キリスト教と平和の問題を考えるにあたって重要な問題点のひとつである。

歴史的平和教会

歴史的平和教会という呼称がある。二つの世界大戦間の一九三五年に北米で使われるようになったもので、フレンド派（クェーカー）、ブレズレン、メノナイトを指している。十七世紀のイングランドに起源をもつフレンド派は、新渡戸稲造や前田多門と関連があるため、日本ではある程度知名度がある。ブレズレンは、似た名前の教派が多いのでまぎらわしいのだが、ここでは十八世紀に南ドイツに生まれ、アレグザンダ・マックに導かれたダンカー派とも呼ばれた集団を指す。その後、活動の中心を北米東海岸に移し、三つの中では一番小さい集団となる。逆にメノナイトは三つの中の最大集団で、起源は十六世紀のスイス・ドイツにある。その後、オランダやロシアなどに伝播し、やがて北米を中心に発展していった。

以上の三教派は、いずれも、国家の庇護を求めないことが特徴である。もちろん特定の政治状況の中では、宗教組織として相応の権利を与えられることもあったが、政治的に特別待遇を受けることはなかった。その特有の社会的立ち位置、政治権力との距離の置き方によってフリー・チャーチとも呼ばれる。フリー・チャーチは政治権力に疎まれた。特定の政治権力に反対したからでも、味方したからでもない。政治権力そのものに対して距離をおいたからである。政治権力に忠誠を誓わないのである。新約聖書の言い方を借りれば、だれも、二人の主人に仕えることはできないからである。

フリー・チャーチの特徴の一つとして平和主義があげられる。教派によってはそれを信仰告白に盛り込み、あるいは平和の神学を展開させてきた。多少の差異はあるにせよ、フリー・チャーチには平和主義の傾向があり、それは政治権力に対する理解、国家観と無縁ではないと考えられる。

第一次世界大戦がはじまると、兵役拒否の問題をめぐってフリー・チャーチは困難に直面することとなった。神学的にも実践的にも、兵役拒否を組織的に展開する備えはまだできていなかった。そのため個人あるいは個別教会が兵役拒否の主体となった。その反省を活かし、第二次世界大戦がはじまると、アメリカのフレンド派（クエーカー）、ブレズレン、メノナイトの三教派は共同して政府と交渉し、兵役の代替として民間公務（Civilian Public Service）の制度を獲得した。兵役は三教派にとって常に重要課題と認識されてきた。

兵役拒否や平和主義は、信仰の問題ではなく実践の問題だという考え方がある。罪や救い、永遠の命、神の義こそが追い求めるべき課題であって、平和は「加えて与えられる」付随物にすぎない、という考え方である。しかし、歴史的平和教会は、平和とその具現を信仰の根幹に関わるものと理解した。教会が立つか倒れるかを決める神学的最重要課題と認識した。信者の中には平和のために殉教する者もいた。

本書のテーマを掘り下げるにあたっては、フリー・チャーチの系譜に立つ歴史的平和教会の平和論理を概観することに意味があると考えた。三教派の中で特にメノナイトに焦点を当てる。最大教派であるだけではなく、神学的にもっとも成果をあげているからである。ただし実践的には、一九四七年にノーベル平和賞を受賞した英米フレンズ奉仕団に代表されるとおり、フレンド派の活動が最も目覚ましい。ブレズレンは、神学的にメノナイトと歩調を合わせているため単独で扱わないこととする。両者とも現在はアナバプティズムの集団の中に位置づけられる。

メノナイトはバプティストや改革派と同じように教派の名である。それは十六世紀の宗教改革時に起きたアナバプティズムという運動体の一部分に位置づけられる。したがってメノナイトの論理を説明する場合、より広域のアナバプティズムの精神やエートスに触れることから始めたい。

アナバプティズムの起源

アナバプティズムという名称は、ギリシャ語のアナ「再」とバプティスモス「洗礼」に由来する。それは十六世紀以降、蔑称として用いられてきた。伝統的な教会に異を唱える者、公権力に従わない者、社会の主流的規範に符合しない者に対して、無差別にアナバプティストのレッテルが貼られることもあった。神学史においては「異端」扱いされてきた。十六世紀のドイツ語圏で危険視され、迫害されたアナバプティストは、一部暴徒化して抹殺され、別の一部は逃亡と移住を繰り返しながら特定の地域・歴史に埋没して見えにくくなった。

今日、そのようなアナバプティストの名残を北米・南米のアーミッシュ、フッタライト、保守メノナイトに見出すことができる。現代文明に背を向け、馬車に乗りながら低地ドイツ語を母語とし続ける信仰共同体は、今となっては古き良き時代を思い出させる観光名所でもある。それはアナバプティズムの流れのひとつではあるが、全体像を示すものではない。対極の例もあるからだ。たとえば、宗教に対して寛容的なカナダに移住したメノナイトの一部は、カナダの現代文化に順応した結果、博士号取得率がもっとも高い教派となり、その結果、多くが都市部で高度専門職に従事している。その中には政治家も含まれる。これらの都市型メノナイトもアナバプティストの末裔である。

ルーツはドイツ語圏ヨーロッパにあるものの、すでに一九九〇年代には、欧米以外のアナバプティストの信徒の数が欧米アナバプティストの数を上回っていた。アフリカの、アジアの、ラテン・アメリカの教会も、アナバプティストの末裔である。つまり、アナバプティストはもはやスイス・ドイツ・オランダ系の特定の民族集団に限定された呼称ではない。したがって、現代版アナバプティストの社会的様相は、多様化の一途をたどり続けていると言える。[*1]

しかし、社会的様相の多様化にもかかわらず、十六世紀以来継承され続けてきた宗教的伝統、いわばホールマークとでも呼べるものがある。そしてそのひとつが「平和主義」である。以下、平和教会の平和の論理と展開を、アナバプティスト／メノナイトの視点から素描することによって、エキュメニカルな対話の素材を提供してみたい。

アナバプティズムの起源自体が、その運動の特質をよく表すという意味で興味深い。舞台は十六世紀前半、宗教改革揺籃期のスイスのチューリッヒである。

スイス人が傭兵としてヨーロッパ中に送られることを批判し、それによって有名になった宗教改革者のツヴィングリは、エラスムスに傾倒した人文主義者であり、ギリシャ語・ヘブライ語聖書を用いながら釈義説教を毎日行ったという。ルターからは独立した動きであった。宗教改革を性急に進めすぎたため、一五二二年に司祭職を辞任せざるを得なくなったが、即座に、チューリッヒの（二〇〇人）参事会から、直接、聖職者として雇われ、それを機にローマ・カトリック教会から独立し、チューリッヒにおいて政教一致型の宗教改革を推進した。

聖書を根拠に利息徴収、カトリック式聖餐・絵画・像を否定し、一五二三年にはミサ改革を提唱するにいたった。しかし、一五二三年十月の「神学討論会」では、チューリッヒ参事会がツヴィングリの改革にブレーキをかけた。参事会が、スイス連邦内における同市の立場を考慮したためである。いわゆる政治的配慮である。改革は一進一退だった。

ツヴィングリには追随者がいた。彼らはツヴィングリに導かれながら師の宗教改革を熱烈に後押しした。上記の神学討論会の後、彼らの間で以下のような会話があったとされる。

グレーベル――ミサはどうなるのでしょうか？

ツヴィングリ――今後は参事会がどのようにミサを変えるかを決める。

サイモン・シュタンプ――先生、参事会に決定を任せる権利は先生にはありません。神の霊がすでに決定をくだしています。

ツヴィングリ――そのとおりだ。もし参事会が（我々と）異なる決定をしたら、私が説教と行動でそれに応じよう。決定を彼らの手に委ねることはしない。神の言葉を批判することもしない。今回の討論会は、神の言葉に賛成するかしないかを決めるものではない。聖書的に、ミサが犠牲なのかどうかを見極めるものなのだ。今後は、彼らが最も適切かつ穏便なミサのやり方を検討する。

グレーベルは、師ツヴィングリと同様にバーゼルやウィーンで学んだ人文主義者で、その一年半後に再洗礼を実践してアナバプティズム運動の先陣を切った人物である。事を急く弟子たちに対して、ツヴィングリの応答はどこか曖昧で歯切れが悪い。この会話の時点で、弟子たちの心中にアナバプティズムの火種が宿ったという解釈もある。その二か月後の一五二三年のクリスマスミサに際して、ツヴィングリは、改革を実践しなければ「神の言葉の前で、説教者は嘘つきの誹りを免れない」と主張するのだが、それも参事会に拒否され、九日後に彼は前言を撤回する。ツヴィングリ自身が揺れていた。その揺れは、信仰と政治との距離感をどのようにとるかという問題に由来していた。

一五二四年、ツヴィングリによる宗教改革の具体的アジェンダは、ミサの改革と十分の一税、幼児洗礼などの改革だった。幼児洗礼については、一五二三年にツヴィングリは幼児洗礼に疑いを表明はしたものの、その扱いは曖昧であった。一五二四年、幼児洗礼を行わない者がチューリッヒで出始めた。それに対して、ツヴィングリは幼児洗礼を旧約聖書の割礼になぞらえて、それを擁護しはじめた。一五二五年一月十八日、再びチューリッヒで神学討論会が開催され、市参事会は、グレーベルが市民を扇動することを禁止し、幼児には洗礼を施し、外国人は八日以内に退去せよとの命令を出した。また、許可のない聖書研究も禁止となった。

改革に対する締めつけが強まるなか、一五二五年一月二十一日、ツヴィングリ門下生の一人フェリックス・マンツの家に、グレーベルやクール市のカトリック司祭ブラウロックなどが集まった。ブラウロックはグレーベルに、信仰と知識に基づく洗礼を授けるように促し、グレーベルはそれを行った。その後、他の者もブラウロックから洗礼を授かった。

以上の素描は主に『フッタライト派年代記』による。フッタライト派は、十六世紀のモラヴィア（現在のチェコ共和国）に起源をもつアナバプティスト諸派のひとつである。先の記述には、宗教改革の一翼を担ったアナバプティズムが、洗礼の問題に特化した運動ではないことがよく表れている。本質的には改革の主体が問題となったのであり、具体的にはキリスト者と政治権力との関わり方が焦点であった。

再洗礼が行われてから三か月もたたない四月十三日にツヴィングリはミサを廃止し、自分が考案した主の晩餐を執り行って、チューリッヒ宗教改革はクライマックスを迎えている。それ以上に弟子たちから造反者を出さないために、ツヴィングリが改革のペースを速めたのか、それとも一部の弟子たちが単に性急すぎて悲劇に巻き込まれたのか、今となっては判断が難しい。分かっているのは、初期のスイス・アナバプティストが政治権力と距離をおこうとしたことである。そのことは、その後の平和主義・平和倫理の発展と無縁ではない。

一方、ツヴィングリの宗教改革はチューリッヒの政治と一体化したものであり、それは、より広域なパワーポリティックスへの参入、さらには武力闘争へと帰結した。チューリッヒ軍を率いたツヴィングリが、カトリック諸州との闘いの中で戦死したことは周知の事実である。

アナバプティズムの起源を一五二五年と考えると、まもなく五〇〇周年になる。しかし、スイス発祥のこのような歴史観に対しては留保が必要であることも付記したい。宣教の問題にも関わるからである。第一に、発祥を単一起源に求めることが正当かどうかという問題がある。時系列的に、グレーベルやマンツの再洗礼が起源であるのは事実なのだが、その後の展開のすべてがその出発点につながるわけではない。十六世紀の社会的変動期に、つまり宗教改革の揺籃期に、同時発生的にアナバプティズム的運動がヨーロッパ各地で起こり、それが徐々に収斂しながらいくつかの流れを形成したという見方、いわゆる複数起源説が近年では、より優勢となっている。第二に、スイスを起源としてドイツ・オランダ・モラヴィア・イタリアを経てアメリカ・カナダへと至る図式は、欧米中心の歴史観につながらないのか。欧米に替わってアジア・アフリカ・ラテンアメリカの教会が主流になりつつある現在、アナバプティズムのヨーロッパ起源を「強調」することの意味は何か。その背後に文化的優越主義が見え隠れしないのか、その宣教的意味は何か、という今日的課題が浮上する。

単一起源説か複数起源説かという問題は、アナバプティズム自体の評価にも関わってくる。伝統的なヨーロッパのアナバプティスト観、アナバプティストのイメージは、ミュンスター暴動やトマス・ミュンツァーと関連づけられたものである。すなわち宗教的過激派、宗教的アナーキスト、宗教的狂信主義者、異端などのレッテルに代表される否定的イメージである。アナバプティストのレッテルはほぼ自動的に異端そのもののスティグマとなり、迫害や破門、追放、処刑の対象とされてきた。

一九五〇年代に北米でアナバプティズム研究が飛躍したとき、その中核を担ったメノナイト派のH・S・ベンダー等の試みは、四世紀にも及ぶ上記のネガティブなアナバプティズム観の超克であり、その方策として取られたのがアナバプティズムのエッセンスを抽出することであった。その方法自体、当時の十六世紀研究、ルネサンス研究の方法に呼応したものであった。ベンダー以降、アナバプティズムを、宗教改革の推進に迷うツヴィングリに反発した門下生による「宗教改革の徹底」（ラジカル・リフォーメーション）と理解し、その特徴を徹底的聖書主義、政教分離、平和主義、自由意志による洗礼などに求めることが新たな見方として受容されていった。それが単一起源説の背景である。

その一方、新たなアナバプティズム観に当てはまらないものはアナバプティズムからの逸脱、例外、場合によっては除外の対象とされた。トマス・ミュンツァーが例である。ミュンツァーとグレーベルが手紙のやりとりをしていることから、両者を同類とみなす解釈もあるが、「剣」や「権力」に対する姿勢には両者相いれないものがある。また、ミュンツァーには再洗礼を受けた形跡がない。ミュンツァーを師と仰いで農民戦争を率いたツヴィッカウの預言者たちも再洗礼を行わなかった。そうなると、ミュンツァーを宗教改革者として位置づけることは可能だろうが、はたしてアナバプティストと呼んでいいのか。ベンダー世代のメノナイト研究者はミュンツァーをアナバプティストと考えなかった。

ベンダー以降のアナバプティズム研究は、ベンダーグループによって形成されたアナバプティズムの祖型への反動あるいは修正であり、それが複数起源説の文脈ともなった。前者の理想的、神学的アナバプティズム観に比して、後者はより社会学的、地政学的アナバプティズム描写であり、歴史的にはより客観性があるともいえる。複数起源説を採用する場合、ミュンツァーなどの武力革命派もアナバプティストに含められることが多い。起源が単一か複数かの議論は、起源をどうとらえるのか、歴史をどう読み解くのかという問題につながる。

自らの宗教的アイデンティティーを検証して相対化する意味では、複数起源の視点はどんな場合も有効なものになり得る。いわば自己点検としての神学的検証である。しかし、エキュメニカルな対話やミッションの現場では事情が異なる。内側への説明と外側への説明とでは、方法も強調点も異なる。複数起源説のように複雑さを詳細に分析する方法は、ひとつの運動に含まれる多様性を理解することについては力を発揮する。しかし、教派の枠を超えたエキュメニズムの議論において、各教派が自らの多様性を強調しはじめると、その多様性の中の何らかの共通点に目が向けられ、多様性の中の一致を認め合って満足することになる。結局、それは悔い改めに結びつかない。エキュメニカルな対話においては、自らの特異性に光を当て、そのエッセンスを際立たせ、場合によっては（共通点よりも）他との差異を強調することのほうが実り多い議論となるだろう。そのような意識をもちながら、この先、アナバプティズムのエッセンスを掘り下げてみたい。*2 あえて、ベンダーのエッセンス主義に沿って論を進めたい。

アナバプティスト・ヴィジョン

「アナバプティスト・ヴィジョン」とは、H・S・ベンダーのアメリカ教会史学会会長時の講演（一九四三年）であり、そこで取り上げられたエッセンスは、その後数十年にわたってアナバプティズムの特徴と考えられるようになった。[*3] そこから出発したい。ベンダーはアナバプティズムの特徴（エッセンス）を以下の三点にまとめた。

第一のエッセンスはディサイプルシップである。それは、イエス・キリストの教えと模範に従って「生きる」ことを指す。一五二七年のシュライトハイム信仰告白にも見られるこのような表現は、アナバプティストの間で継承され、信仰の表現とされてきた。二十世紀中盤に、ベンダーはこれを「信仰のみ」というプロテスタントの原則と対峙させ、アナバプティズムの特徴とした。その背景には、ボンヘッファーの『キリストに従う』からの影響もあった。[*4] 日々の宗教行為においては、信じること、祈ること、学ぶこと、告白すること、祭儀にあずかること等々の具体は、分断不可の連続したものと考えられる。しかし、その中で何を強調するのか、あるいは何が他を束ねる鍵になるかは伝統によって異なる。アナバプティズムは、キリストに従う者としての具体的な「生き方」に強くこだわった。人が生きる状況は刻一刻と変化する。政治状況も、経済状況も、国際関係も、自然環境も、社会情勢も変わる。その変化を見極めながら、キリストに密着して共同体として生きることを模索する、それがディサイプルシップの姿勢である。兵役拒否の実践もそのような観点から理解されなければならない。

第二は、自発的メンバーによる教会形成という教会観である。当たり前のようだが、当たり前ではない。「キリスト教文化圏」においては、教会のメンバーシップが行政区の構成員とオーバーラップした。つまり信仰は、個人の意思ではなく、地域共同体が一体的にもつものとみなされた。カトリック地域に生まれれば自動的にカトリックになり、ルター派地域に生まれればルター派となる。地域の信仰から逸脱することは社会的死を意味した。もちろん、地域共同体が特定の信仰を選び直して、構成員にそれを強要する場合もあった。原則的に、信仰は個人の思いや選択とは無関係なものだった。多くの場合、多数決だろうと独断だろうと、信仰は権力者たちが選択するものだった。政治も宗教も、個人が決めるものではなく、権力者によって与えられるものだった。与えられた宗教と与えられた政治は表裏一体のものであった。ルターがザクセン選帝侯の領土と、カルヴァンがジュネーブ市と、ツヴィングリがチューリッヒ市と結びついたことは、宗教と政治の表裏一体性を前提としていた。アナバプティストたちが地域の行政者から独立した形で、自らの意思によって再洗礼を施し、その結果、異端の名目によって苛烈な弾圧を受けたのは必然であった。既存宗教が定めた枠を否定することは、既存の政治権力を否定することにほかならなかったからである。

第三は平和主義である。新約聖書のイエス・キリストを模範に、愛と無抵抗を対人関係の基本原則としたがため、戦争、暴力、極刑から身を遠ざける「生き方」をアナバプティストは選んだ。彼らの教会史は、移住の歴史でもあるのだが、移住の直接的契機のひとつが徴兵であった。徴兵を命ずるのは、その時代・地域の政治権力者であるから、当然それにどう応えるかは政治と宗教の問題とも重なってくる。同時に徴兵は、忠誠の問題でもあった。神への忠誠と統治者への忠誠とが矛盾する場合、どのように折り合いをつけて信仰を守るのかという問題である。殉教すべきか、信仰的に妥協すべきか、神学的に妥協すべきか、あるいは集団移住すべきか。

以上、ベンダーによるアナバプティズムの「エッセンス」の概略を紹介した。次に、「兵役拒否・平和主義・エキュメニズム」の問題を考えるにあたって、アナバプティズムと他の伝統とが神学的に意見交換すべきと思われる論点をまとめてみた。

平和のための論点

(1) イエス中心の聖書主義

聖書主義は、宗教改革の末裔であるプロテスタントに共通する主張かもしれないが、アナバプティストには聖書の読み方について特徴があった。それはイエスに関する記述を聖書の中心と見たことにある。イエスの言葉が、聖書全体を読んで解釈するための視点とみなされたのである。アナバプティストの聖書解釈法と呼べるのかもしれない。その結果、イエスの言葉が記されているという理由で、旧約聖書よりも新約聖書が、パウロ書簡よりも福音書が、福音書の中でも山上の説教が何よりも優先された。福音書に記述されたイエスは、真似びの対象でもあった（imitatio Christi, Nachfolge）。もちろん、それはアナバプティストに限られたことではなく、中世においてはワルドー、ウィクリフ、フスにも見られる態度である。ツヴィングリ自身も、「キリストを語るのがキリスト者なのではない、キリストのように歩む者がキリスト者なのだ」と語っている。ただ、イエス・キリストへの密着の度合い、言葉へのこだわりはアナバプティストにおいてひときわ強いように見える。

(2) 忍耐と苦痛を伴う愛の実践

「キリストのように歩む」ことを、アナバプティストは「聖徒の忍耐と信仰」（黙示録一三・一〇）、「十字架の道」、「アガペ」、「苦難の僕の生き方」、「イエスの全き愛」などの聖書的表現によって解釈した。アナバプティズムが形成されたドイツ語圏では Wehrlosigkeit（無抵抗）、Gelassenheit（静穏）といった用語も使われた。イエスの言葉に加えて、イエスの行動に密着しようという願いがそこにある。兵役や戦争の拒否、戦争税拒否や訴訟拒否、差別の拒否、国際間和解、人種間和解へ向けての積極的関与の根拠となるのが、これらの聖書的概念に表されるイエスの行動への密着なのである。

(3) コンスタンティヌス体制の否定

フリー・チャーチの伝統は、四世紀のコンスタンティヌス大帝の時代に起きた教会と国家の融合をネガティブに評価する。アナバプティストも例に漏れない。「神はコンスタンティヌスを通して歴史を支配する」という前提を拒否するのである。このテーマは今日のアナバプティスト神学の中でも重要視され、論議の的ともなる点なので、平和の問題に引き寄せて掘り下げてみたい。

ローマ帝国の下、キリスト教徒に対するガレリウス帝の大迫害が起こったのは紀元三〇〇年のことである。すでにキリスト教人口は都市部に流れ込み、一部のキリスト教徒は帝国においても重要な職責を果たすようになっていた。そのような中で三一一年、寛容令が出され、次いで、三一三年にコンスタンティヌス帝のミラノ勅令によってキリスト教が公認宗教の一つとなった。コンスタンティヌス帝は洗礼を受けることはなかったが、教会の管理者となり（三二五年のニカイア総会議）、国家予算を充てて教会建築物を立て、また聖職者を養った。このことによって、キリスト教はローマ帝国の経済的支配下に入ったのだ。三八八年、テオドシウス一世によってキリスト教が国教化される。その後、キリスト教以外の宗教は禁止され（三九二年）、日曜日は帝国の祭儀日に定められた。四三六年、キリスト教徒以外の者がローマの軍人となることが禁止される。経済、政治、軍事の面で、帝国とキリスト教とが一体化したのである。それにともなって幼児洗礼が標準化され、またキリスト教とユダヤ教との差別化が進み、結果的に千年以上にわたって続く国家と教会の融合体、コンスタンティヌス体制が作り出されることとなる。[*5] 非戦や平和を方針とする国家はないに等しいから、国家と一体化したキリスト教が非戦や平和を公式の見解とすることはなかった。

キリスト教徒の立場から見ると、もはや迫害を受けることなく、命と生活の保障を受けながら信仰生活を保つことができるのだから、この融合は天の恵みと映ったかもしれない。しかしその反面、この融合がキリスト教を、イエス・キリストが説く神の国のヴィジョンとはかけ離れた宗教に変節させてしまったという批判もある。ローマ・カトリック教会の伝統は、この融合の枠組みの中で発展を遂げ、宗教改革もこの枠組み自体を変えるまでには至らなかった。主流キリスト教の文化と神学、霊性はすべてこの枠内で進展してきた。現代においても、ニュービギンはそれを仕方のないこととし、ライトハートなどはより積極的な評価を与えている。[*6]

十六世紀の宗教改革においては、改革された部分とされなかった部分がある。四世紀以来の教会と国家の一体化、つまり政教融合は、宗教改革によっても改革できなかった部分、あるいは改革が未完に終わった部分だというのがアナバプティスト神学の指摘である。チューリッヒ参事会との対立をいとわなかったことに象徴されるように、アナバプティズムは教会と政治権力との同一化を前提としない。むしろ両者の間には、究極的には埋めがたい差異があるという認識に立つのである。二人の主人に仕えることはできないからである。

(4) 正当戦争を超えて

人と人との間の正当防衛に相当する、国家間の正当防衛という概念が、コンスタンティヌス体制における宗教と国家の融合以来のキリスト教思想には含まれる。正戦や義戦、正義の戦争という言い方もあるが、ここでは正当戦争と呼ぶ。これはアウグスティヌスからトマス・アクィナスを経てルター、カルヴァンなどの宗教改革者にまで引き継がれた概念である。カトリック教会はこれを「伝統」として扱って教理とは区別するので、時代や状況に応じてより柔軟に用いることができる。プロテスタントの場合、アウグスブルク信仰告白やウェストミンスター信仰告白の中にその内容が盛り込まれているため、扱い方がより難しくなる。信仰の基盤に手を入れることは難しいからである。

正当戦争の考え方は、正当防衛の成立要件と同様に、戦争や戦闘が容認されるための基準を設定したものであり、戦争の起こりを抑制する目的で組み立てられたものである。たとえば、戦争が可能となるには「正当な原因」がなければならず、「正当な権威をもった者による発令」が必要である。戦いは、他のあらゆる手段を試みた後の「最終的手段」であって、「抑制とバランスがとれた必要最小限の武力」が用いられ、「無辜の市民や非戦闘員」は保護され、しかも「愛とあわれみの心」をもった兵士によって遂行されなければならない。これは、国の法律に規定されたものというよりも、紳士（淑女）協定による戦争の国際的プロトコールの性質が強い。

理論上は整合性を有し、順守されるなら戦争を抑止することができる。問題は、平時には尊重されるこの伝統が、有事にはほとんど無視されることにある。過去の戦争を正当戦争の基準に照らし合わせると、ほとんどの戦争が違法になってしまう。そのことを踏まえると、三つの道筋が考えられる。ひとつは正当戦争の厳密な適用を目指すこと。その際、違反者へは罰則が必要となるだろう。二つめは、どの国もほどほどに守ることができるように基準を下げること。ある程度戦争を抑制できればそれで良し、とする考えである。三つめは、正当戦争に見切りをつけることである。

二つの世界大戦とその後に来た冷戦時代の核戦争の脅威は、正当戦争の再考をキリスト教徒に突きつける機会となった。第一に、正当戦争は結局、正当戦争の価値を共有する国同士においても戦争を止められなかった。各国は自らが起こす戦争の正当性を主張し、二つの世界大戦で五〇〇〇万人のヨーロッパ人が犠牲になった。ヨーロッパ人に限定したのは、少なくともヨーロッパは正当戦争の伝統下にあるからである。正当戦争の基準にかなうと強弁して戦争がはじめられることはあっても、基準に合わないという理由で戦いが回避される例は、戦争史においてはほとんどない。

第二に、核戦争の全面破壊戦争の時代に入った現在、正当戦争の概念そのものに対する疑問が生じてきている。局面が変わったのだ。人類を瞬時に滅亡させ得る核兵器を前にして、「最終的手段」「抑制とバランスがとれた必要最小限の武力」「無辜の市民や非戦闘員の保護」といったことを論ずることに何の意味があるのか。戦争が質的に転換したのだから、戦争の「正当性」という概念自体が過去の遺物にすぎない、という主張である。

第三に、神学的問題がある。正当戦争は、イエス・キリストと何の関係があるのか。ローマ帝国の秩序維持のための法的・倫理的理論を創出する義務を、アウグスティヌスは感じたのかもしれない。しかし、現代のエキュメニカルな時代のキリスト者は、聖書的根拠が薄い政治理論にどこまで付き合うべきなのか。正当戦争を現代的にアップデートしてその使用を継続するのか、それとも、歴史的機能を終えたものとして新たなパラダイムを模索するのか。日本カトリック司教団からは正当戦争が終わったという声が聞こえている。伝統への柔軟な対応だと思う。プロテスタント諸派はどうするのか。[*7]

世界教会協議会（WCC）は、第二次世界大戦以降、歴史的平和教会との対話を継続し、ローマ・カトリック教皇庁はメノナイト教会と神学協議を行っている。それは正当戦争の限界を見据えた議論ともいえる。平和をテーマにしたエキュメニカルな対話が深まることに期待したい。[*8]

(5) 平和主義者の政治責任

国家に公認されない宗教として各地に離散したアナバプティストは、ほぼ必然的に周辺社会、特に政治と距離をおくことを常とした。社会学的にはセクト、あるいはセクト的と分類される所以《ゆえん》である。その立場への神学的批判は、政治責任を果たそうとしないという主張に集約される。オランダやカナダにおいては、議員になって国政に参加する者も少なくないことから、アナバプティズムの多様性に留意しつつも、伝統的には、アナバプティストが政策や政党、政治家を通して何らかの社会的責任を担おうとする発想をほとんどもたなかったことは否定できない。しかし、それは政治的無責任と同義なのだろうか。

典型的な回答をするなら、政治責任を異なる方法によって負っているということになる。北米を例にとるが、アナバプティスト諸集団の中で大統領選挙に教派全体として関わったケースはない。生活に密着した地方政治に関わることはあるが、連邦政治には非関与の姿勢をこれまでとってきた。「責任」は、選挙や政策に関わることではなく、「社会に仕える」ことによって全うされると考えたからである。著名な実践例はメノナイト中央委員会（Mennonite Central Committee、通称ＭＣＣ）と呼ばれる奉仕団体で、緊急食糧援助、医療、農業開発、教育等、国内外へのアナバプティストの奉仕活動の拠点となっている。北米メノナイト系教会十五団体がスポンサーにつき、その年間予算は約八〇億円、一〇〇〇人スタッフをかかえ、世界三〇〜四〇か国において一〇〇人規模のプログラムを展開している。アメリカ国内でも三〇か所で事業展開している。北アメリカのアナバプティスト人口は一〇〇万人を下回ることを考えると、つまり日本のキリスト教人口とさほど違わないことを考えると、奉仕の規模が突出しているように思える。北米の多様なプログラムには長期のものも短期のものもあり、人生のうちで一度はＭＣＣのプログラムに参加したいと考える信者が少なくない。また、ＭＣＣの活動に加えて、ほかにも災害援助に特化したメノナイト災害援助隊（Mennonite Disaster Service）があり、三〇〇〇人規模のボランティアがいて約三億円の年間予算がつぎ込まれている。*9

メノナイトの社会貢献として最近耳目を集めているのは、「紛争解決（Conflict Resolution）」や「修復的司法（Restorative Justice）」である。前者はジョン・ポール・レドラックの実践によって知名度を得、後者はハワード・ゼアが確立させた司法的手法だが、ともにＭＣＣの下で展開された奉仕事業であり、発想の根底は新約聖書にあり、教会がもつ機能を社会一般に展開させたものである。これも「社会に仕える」ことの一環である。

政党政治や政治家という媒体を経由して「間接的」に政治責任や社会的責任を果たすことも、責任の果たし方のひとつである。しかし、ここに記したような形で世に「直接」奉仕することも社会的責任の担い方のひとつになるだろう。同時にそれはひとつの政治的立場であり、少数派としての、信仰者としての、ひとつの政治責任の果たし方ではなかろうか。

⑹ 宣教と対話

中世ヨーロッパにおいては、君主の支配圏でどのキリスト教が選択されるかは君主が決めることだった。これに対しアナバプティストは、市や領邦、国家あるいはその支配者を通して信仰が伝えられるべきとは考えなかった。特定地域の君主がローマ・カトリックであろうと、ルター派であろうと、カルヴァン派であろうと、その地に赴いて遠慮することなく布教した。君主や住民、既存教会の意向や都合に関わりなく、新約聖書から読み取った福音を大胆に伝え回った。*10 当然、そのような行動は政教一致圏の支配者の逆鱗に触れるものとなり、迫害の契機となった。ドイツ南西部のスワビアではアナバプティスト狩りのために四〇〇名規模の部隊が結成され、捕えられた者をその場で処刑することが許されたという。

ちなみに、宣教の主体となったのは聖職者ではなく、一般信徒であった。この時代、公開の場で神学討論会が開かれることも多々あり、アナバプティストの信徒は既存教会の神学者や聖職者と対峙しなければならなかった。多くの場合、それはアナバプティストが異端であることを確定するための装置にすぎなかったのだが、それでも、それぞれの神学的立場をぶつけ合う場となり、その記録は今日まで引き継がれている。ある意味で、エキュメニカルな対話の先駆けとなったのだ。宣教の歴史の中で、中世におけるアナバプティストの大規模な宣教活動は、プロテスタント主流派による宣教活動に先行したものとして記憶されている。

⑺ 兵役に代わるもの

最後に兵役について触れるが、事例が北アメリカに集中しているため、ここでの説明には地域的偏りがあることを前置きしたい。メノナイトを中心とするアナバプティスト諸派が北アメリカに到来した動機のひとつは思想・信条の自由であるが、当然、兵役の問題もそこには含まれていた。

アメリカ独立戦争（一七七五〜八三）において、合衆国植民地議会は、宗教的兵役拒否者を尊重する姿勢を示した。大陸会議（植民地十三州の代表者会議）は、宗教的理由によって武器をもたない人々に対して、代理を立てるか罰金を払うことによって兵役を免れることを許した。メノナイトもその対象となった。

南北戦争時代（一八六一〜六五）においても、代理を立てるか、罰金を払うといった方法によって兵役を免れる制度があった。初期においては、南部が兵役拒否者に対して厳しい態度を示したため、入隊を余儀なくされるヴァージニア州のメノナイトもいた。「彼らは戦闘に加わる気がまったくないから、別の業務を与えたほうがいい」という軍人の証言が彼らの様子を伝えている。入隊しても発砲を嫌がるため、運転手や料理人等の代替業務に回されたのである。兵役を拒否して山岳地帯へ逃亡した者も少なからずいた。

第一次世界大戦（一九一四〜一八）が始まると、メノナイト教会は、戦闘員、非戦闘員の如何《いかん》に関わらず信者を兵役につかせるわけにはいかないと主張した。兵役拒否の制度は存在したが、実際には徴兵された者は過酷な仕打ちを受け、軍法会議にかけられることもあった。一九一八年以降は兵役に代わる代替業務が認められ、また調査委員会が軍における良心的兵役拒否者の調査を行うようになって、状況は改善した。この時の代替業務の従事体験が、第二次世界大戦中に用いられた代替奉仕の仕組みづくりの原形となっていった。

第二次世界大戦（一九三九〜四五）が起きると、歴史的平和教会（クェーカー、メノナイト、ブレズレン）は、戦闘・非戦闘の兵役を信仰上の理由で拒否する信徒が、軍の基地に配属されずにすむことを求めた。また、①民間行政官が良心的兵役拒否者の該当者かどうかを判定する。②徴兵局は、徴兵された信徒を民間行政官に送り、軍の管轄下に入れない。③歴史的平和教会が良心的兵役拒否者の管理に関わる、という三点を求めた。

一九四〇年、平時の徴兵制と呼べる「選択徴兵法」（The Selective Training and Service Act）が成立したとき、良心的兵役拒否者に対する民間の代替措置を含め、歴史的平和教会の意向がある程度反映されていた。それがその後、「民間公務」（The Civilian Public Service）の仕組みへと発展した。メノナイト教会内で民間公務の調整役にあたったのはメノナイト中央委員会（ＭＣＣ）であり、提供された役務には土壌保全、林業、国立公園管理、土地開発、ダム建設等。精神科病院、職業訓練校などが含まれた。全忌避者の中でメノナイトの比率が一番高く、全体の約四割を占めた。

信仰と政策とが交差した地点で成り立ったのが民間公務である。信仰的に妥協することなく、国の要求に応えようとした試みであり、当時のメノナイト教会にとってはそれが成功体験と認識された。それは、メノナイトの信仰の核心を公的に説明する機会となり、また、宣教の機会となり、社会責任を果たす場となり、その後の諸活動の原点となった。たとえば、大戦中に全米各地で精神科病院が作られ、その運営資金の三〇〇万ドルをメノナイト教会が拠出した。この時の体験と手法は、戦争が終了した後、教会が国際的に援助活動を展開するに際しての基礎となったのだ。[*11]

その後、民間公務の考え方は一九五一年のＩ―Ｗプログラムに引き継がれ、それは徴兵制度が終了する一九七三年まで続く。民間公務の多くは医療や福祉分野、海外奉仕に関わり、ＮＰＯを含め二〇〇〇以上の団体がその任務のために認可された。

アメリカにおける代替措置の充実は高い評価を得ているが、当然、批判もある。代替措置は、戦争を起こす国の政策を否定することなく、むしろ補完することになり得るからだ。信仰的立場を守ることは重要である。国の要請に応えることも重要である。しかし、結果として、戦争という巨大な悪に対峙することを避けたのではないか、という主張である。ベトナム戦争後、兵役を避けて代替任務を追求する考えと、徴兵制度を完全に拒否して一切の協力を拒む考えとが二つの大きな考え方となっている。識別の業は進行中である。

以上、アナバプティストの平和観を概観し、同時に、いろいろな伝統の教会にとって論点になり得るテーマを列挙してコメントを加えた。キリスト教史の教科書では、アナバプティズムやアナバプティストにはいまだに

「セクト的」という形容詞が付けられることが多い。激しい迫害にさらされた歴史があり、自らの信仰を死守するために外部とのやりとりを控えてきた歴史があるからだろう。信仰も素朴であり、論文や著作による啓蒙活動に関わってこなかったという事情もある。しかし、ここに取り上げた平和につながるテーマは、どれもキリスト教信仰の核心に触れるものであって、「セクト的」テーマではない。むしろ、キリスト教信仰を考えるうえで本質的問題である。軍事技術の驚異的発展によって、戦争の質が根底から変わりつつある現在、平和へのアプローチも根底から洗い直されなければならない。神の平和のために、神学的前提やキリスト教史観、聖書解釈法、宣教論も含めて検証されなければならない。真に豊かで、エキュメニカルな対話が繰り広げられることに大いに期待を寄せたい。

注

1　アナバプティストならびにメノナイト派に関する包括的情報は、Global Anabaptist Mennonite Encyclopedia Online [https://gameo.org/index.php?title=Welcome_to_GAMEO] が最も使いやすい。

2　本稿は、富坂キリスト教センター主催の「兵役拒否・平和主義・エキュエニズム」研究会に提出した「アナバプティズムの平和主義とその展開」（同センター紀要第一一号、二〇二一年）を加筆修正したものである。研究会における筆者の役割は、歴史的平和教会のひとつであるメノナイト派の視点（すなわちアナバプティストの視点）から共通テーマの研究に寄与するインプットを行うことであった。

3　*Mennonite Quarterly Review* 18 (1944): 67–88. ただし講演は一九四三年コロンビア大学で行われ、聴衆にローランド・ベイントンがいた。

4　Global Anabaptist Mennonite Encyclopedia Online, "Discipleship" より。

5　コンスタンティヌス主義に関する詳細な分析はJ・H・ヨーダーによってなされ、著作も多数あるが、こ

こでは *Christian Attitudes to War, Peace and Revolution*, Brazos, 2009, Chap. 3 を参考にしている。

6 ニュービギンについては『ギリシャ人には愚かなれど――福音と西洋文化』（矢口洋生訳、新教出版社、二〇〇七年）、ライトハートについては Peter Leithard, *Defending Constantine*, IVP Academic, 2010 を参照。

7 ヨーダー、前掲書、五～八章。

8 アナバプティストとプロテスタントの対話については、ダーンバウ（Durnbaugh）の編集による *On Earth Peace*, Brethren Press, 1978 が包括的で、その後継としてエンス（Enns）編集による *Seeking the Cultures of Peace*, Cascadia, 2003 がある。カトリックとの対話についてはシュラーバックとファイル（Schlaback and Pfeil）編の *Sharing Peace*, Liturgical Press, 2013 を参照。

9 Global Anabaptist Mennonite Encyclopedia Online より。[https://gameo.org/index.php?title=Welcome_to_GAMEO]

10 Littell, F. H., "The Anabaptist Theology of Missions," *Mennonite Quarterly Review* 21 (1947): 5-17.

11 榊原巌『良心的反戦論者のアナバプティスト的系譜』（平凡社、一九七四年）の第三章、Dyck, Cornelius, *An Introduction to Mennonite History*, 2nd edition, Herald Press, 1981, chap. 21, Hershberger, Guy, *War, Peace, and Nonresistance*, 3rd edition, Herald Press, 1969, chap. 6, 7.

エキュメニズムと平和主義

神田 健次

はじめに

本稿における「エキュメニズム」とは、一九一〇年にエディンバラで開催された世界宣教会議以降を嚆矢《こうし》とし、とりわけ一九四八年に創設された世界教会協議会（World Council of Churches＝ＷＣＣ）によって推進されてきた現代のエキュメニカル運動を指している。そして「平和主義」とは、そのようなエキュメニカル運動の歴史的展開に貫流している基本的特色であり、特に第一次世界大戦への反省から生まれた一九二五年の「生活と実践」世界会議、さらに第二次世界大戦への深刻な反省から誕生したＷＣＣにおいて展開されたものである。

本稿では、「1 エキュメニカル運動の理念と軌跡」においては、エキュメニカル運動（エキュメニズム）の基本的理念と歴史的な軌跡の輪郭について叙述したい。また、「2『生活と実践』世界会議とＷＣＣ創立総会の平和主義」では、一九二五年の第一回「生活と実践」世界会議、およびＷＣＣ創立総会における平和主義について考察したい。さらに、「3 ＪＰＩＣとＤＯＶの取り組みの平和主義」では、一九八〇年代に提起された「正義・平和・被造世界の保全」（ＪＰＩＣ）と、二十一世紀を迎えて提起された「暴力を克服する一〇年」（ＤＯＶ）という二つのＷＣＣにおける平和主義の取り組みについて検討したい。そして最後に、「4 ウクライナ戦争とＷＣＣの平和主義」では、二〇二二年二月にロシアがウクライナへ軍事的に侵攻して以降の戦争に対して、ＷＣＣがどのような平和主義に即した取り組みを展開してきたのかについて考察したい。

1　エキュメニカル運動の理念と軌跡

(1)　エキュメニカル運動の理念

「エキュメニズム」（ecumenism）とか「エキュメニカル」（ecumenical）という用語は、「オイクメネー」というギリシャ語に由来しているが、これは「家」を意味する「オイコス」から派生した言葉である。「オイコス」から派生している言葉としては、そのほかに、「エコノミー」（economy）や「エコロジー」（ecology）等がある。新約聖書では、「その頃、皇帝アウグストゥスから全領土の住民に、登録をせよとの勅令が出た」（ルカ二・一、聖書協会共同訳、以下同じ）という箇所に出てくる「全領土」という言葉がオイクメネーにあたり、それは、人が住む世界や全領土といった地理的な空間概念として用いられている。しかし、その後の教会の歴史的発展において、次第にその用語が、広域の地理的空間に散在する諸教会の会議に適用されてきたことは、三二五年の第一回ニカイア会議以降のエキュメニカル会議の歩みが示している。東西教会が分裂するまでの古代教会のエキュメニカル会議は、多様な立場を包摂しつつ一致を保っていたということで、現代のエキュメニカル運動の歴史的モデルともなっている。

一九九〇年代にわたって論議されてきた「エキュメニカル憲章」とも呼ばれる『世界教会協議会の共通理解とヴィジョンに向けて』（CUV）においては、いくつかのレヴェルでエキュメニカル運動の理解が試みられている。エキュメニカル運動については、「あるがままの諸教会と、三位一体の神および教会相互間との真のコイノニアの間にある緊張関係に根ざしている」と語られ、さらに、「文化間的・宗教間的な協力と対話におけるその他の努力を共有する」と、宗教間対話をも含む広義の理解を表明している。したがって、今日、「エキュメニズム」という場合、狭義ではキリスト教内部の教派間の対話に基づく一致と協力ということを意味しているが、さらにより幅広く、宗教間の対話と多様な課題をめぐる協力という広義の意味をも含んでいる。

(2) エキュメニカル運動の歴史的概要

WCC創設以前

現代のエキュメニカル運動は、通常、一九一〇年にエディンバラで開催された世界宣教会議が出発点と呼ばれている。十九世紀半ばごろから、世界の諸教派の交わりの結成、YMCAやYWCAなどの青年運動、宣教運動、キリスト教社会運動など、エキュメニカルな先駆的諸潮流が存在し、それらの諸潮流がエディンバラ世界宣教会議に結集したと言える。エディンバラ以降、一九二一年にニューヨークで国際宣教協議会（International Missionary Council＝IMC）が結成され、宣教課題をめぐる世界会議をリードしている。また、第一次世界大戦の反省を踏まえ、一九二五年にはストックホルムにおいて、世界平和の取り組みを中心とした社会倫理に関わる第一回「生活と実践」(Life and Work) 世界会議、そして一九二七年にはローザンヌにおいて、教会の教理や礼拝などに関わる第一回「信仰職制」(Faith and Order) 世界会議が開かれている。

戦前のエキュメニカル運動は、まだ欧米中心だったと言える。一九三〇年代以降では、ドイツのナチス台頭に抗って三四年にK・バルトによって起草されたエキュメニカルな「バルメン宣言」を中心として告白教会が結成され、ドイツ教会闘争を展開している。一九三七年に開催されたオックスフォードでの第二回「生活と実践」世界会議とエディンバラでの第二回「信仰と職制」世界会議においても、ドイツ教会闘争の影響が濃厚に反映されている。

一九三八年にインドのタンバラムで開かれたIMCの世界宣教会議は、アジアで開催された初めての世界会議として、アジアにおけるエキュメニカル運動の出発点と呼ばれている。

WCC創設以降

第二次世界大戦後、「生活と実践」と「信仰と職制」の両運動が合流して、世界教会協議会（WCC）が創設され、その創立総会が一九四八年にアムステルダムで開催された。その成立に際して、世界大戦のただ中で無力であった世界の教会の深い反省が表明されている。さらに、一九六一年には、インドのニューデリーで第三回のWCC総会が開催され、「宣教」の潮流であるIMCがWCCに合流している。またニューデリーでは、いわゆるアジアやアフリカ、ラテン・アメリカなど途上国の教会からの参加が急増し、途上国の教会が直面している貧困や人種差別などの問題がWCCの課題として取り組まれ始めている。あるいは、東欧圏からの東方正教会からの大量加盟があり、次第に正教会の伝統や神学がWCCの展開に浸透してきている。

ニューデリー総会でもう一つ新たな動向は、ローマ・カトリック教会が初めてオブザーバーとしてWCC総会に参加したことである。そして六二年から六五年まで、第二バチカン公会議が開催され、これまでのあり方を一八〇度転換し、六八年の第四回WCC総会から多様なプログラムをWCCと共同で推進し、WCC信仰職制委員会には正規に加盟している。

WCCとローマ・カトリック教会とのエキュメニカルな共同の働きに加えて、もう一つ大切なのは、世界の福音派との関係である。世界の福音派の潮流で重要なエポックは、一九七四年にスイスのローザンヌで世界伝道会議を開催し、独自の宣教指針である『ローザンヌ誓約』を採択した出来事である。このような福音派の動向は、エキュメニカル運動の多元化を生み出すものであったが、より肝要なのは、七五年の第五回WCC総会においてWCC、カトリック、福音派の宣教理解をめぐるエキュメニカルな共通理解と協力関係が確認された点である。

今日のエキュメニズムの世界的な推進母体は、これら三つであり、しかも三者間の協力関係の中でエキュメニカル運動が推進されてきている。このような三者のエキュメニカルな協力関係を中心として、二十一世紀に入って以降には、グローバル・キリスト教フォーラムが結成され、各大陸で会合がもたれ、二〇〇七年にはケニアのリムールにおいて世界会議が開催されたことは、新たなエキュメニカルな動向として特筆すべきことであろう。

以下に、十一回を数えるＷＣＣの総会の輪郭について記しておきたい。

一九四八年　創立総会（アムステルダム）――「人間の無秩序と神の救済計画」
一九五四年　第二回総会（エバンストン）――「キリスト―世界の希望」
一九六一年　第三回総会（ニューデリー）――「イエス・キリスト―世の光」
一九六八年　第四回総会（ウプサラ）――「見よ、私はすべてを新たにする」
一九七五年　第五回総会（ナイロビ）――「イエス・キリストは自由にし、一つにする」
一九八三年　第六回総会（ヴァンクーバー）――「イエス・キリスト―世の命」
一九九一年　第七回総会（キャンベラ）――「来たれ、聖霊よ―被造世界全体の革新」
一九九八年　第八回総会（ハラレ）――「神への転換―希望における喜び」
二〇〇六年　第九回総会（ポルタ・アレグレ）――「神よ、あなたの恵みにおいて世界を変革してください」
二〇一三年　第一〇回総会（釜山）――「いのちの神よ、われらを正義と平和へと導いてください」
二〇二二年　第一一回総会（カールスルーエ）――「キリストの愛が世界を和解と一致へと動かす」

2　「生活と実践」世界会議とＷＣＣ創立総会の平和主義

(1)「生活と実践」世界会議の平和主義

一九一〇年に開催されたエディンバラにおける世界宣教会議の影響を受けながらも、平和を希求する社会倫理の領域で世界会議が催されたのは、一九二五年のストックホルムにおける「生活実践の世界キリスト教会議」(The Universal Christian Conference on Life and Work) であった。この世界会議の先駆となった一つは、世界大戦勃発という危機的状況を見据えて、一九一四年九月に、ウプサラのルター派教会監督に就任して間もないN・ゼーデルブロムが、「平和アピール」を世界の諸教会に送っていることである。その「アピール」では、直面する危機的状況の中で、「平和とキリスト教的交わりを希求して……神が、憎悪と敵意を打ち壊し、憐れみをもってわれわれに平和を定めてくださるよう祈り求めましょう。御心がなされますように！」と、力強い平和への呼びかけを行っている。さらに、その後戦争が激化してゆくなか、ゼーデルブロムは一九一七年十二月にはウプサラにおいて、オランダ、スイス、デンマーク、ノルウェー、スウェーデンなどの中立国の教会代表三五名を招いて大規模な国際会議開催に向けての会議を開催し、戦争と教会の問題をめぐって論議している。

このようなゼーデルブロムの決定的なイニシアティブの下で、平和を探求する実践的キリスト教の諸問題に関する世界会議への道が拓かれ、一九二〇年にはジュネーブにおいて最初の準備会議がもたれている。そして一九二五年八月、スウェーデンの首都ストックホルムにおいて「生活実践の世界キリスト教会議」が開催され、三七か国より六〇〇名以上の教会代表が集っている。会議の内容に関して、まずストックホルム会議が「倫理のニカイア会議」とも呼称され、エキュメニカルな平和思想の新しい展開にとっての出発点となったのである。

「教理は分裂させるが、奉仕は一つにする」というこの会議のモットーは、会議内容の実践的性格をよく示唆しており、具体的には次のような六つの分科会に分かれて展開している。すなわち、第一分科会は「世界に対する神の計画の光における教会の一般的責務——基本的で抜本的な諸問題」、第二は「教会と経済的・産業的諸問題」、第三は「教会と社会的・道徳的諸問題」、第四は「教会と国際関係」、第五は「教会と教育」、そして第六は「諸教会間の協力を促進し、その親密な方針の連合のための方法と手段」という六つの分科会が、それぞれのテーマを掲げて論議している。会議が採択した『使信』の中で、教会が戦争においてその責務を果たしえなかったことを反省し、福音というものを、「産業・社会・政治・国際関係という人間生活の全領域の中に」適用する責務が呼びかけられているが、そこには、ルター主義の二王国説への批判が内包されているのである。

一九三四年五月、ドイツ福音主義教会の第一回告白教会会議において、歴史的な『バルメン宣言』がドイツ教界闘争の基本的指針として採択されたが、その三か月後の八月二十四日から三十日まで、デンマークのファーネで「生活と実践」の会議が開催されている。このファーネ会議において、D・ボンヘッファーは「教会と諸民族の世界」と題して平和説教を語っている。彼はその説教の中で、神の平和への呼びかけは、「キリストご自身の出現によって与えられた戒め」であり、それゆえキリストにある兄弟たちは、「互いに武器を向けることはできない。なぜなら、そのことによってキリストご自身に武器を向けることになるのを、彼らは知っているからである」と力説している。さらにボンヘッファーは、「いかにして平和は成るのか」という具体的な問いとの関連で、それは個々のキリスト者でも、個々の教会でもなく、「ただ、全世界から集められた、一つのキリストの聖なる教会の大いなるエキュメニカルな公会議だけが語ることができる」と世界教会の課題を提唱している。それは、「キリストの名において、息子たちに、武器を手から取り去り、戦争を禁じ、荒れ狂う世界に対してキリストの平和」を呼びかける内容を含むものであった。

第二回「生活と実践」世界会議が開催されたのは、ファーネ会議から三年後、一九三七年にイギリスのオックスフォードにおいてであった。「教会・共同体・国家」という主題の下で、四二五名の教会代表が参加している。オックスフォード会議の諸教会への『使信』では、「教会の第一の責務は、そしてこの世に対する最大の奉仕は、教会がまさに教会となることである。つまり、真の信仰を告白し、その唯一の主であるキリストの御旨を実現するために闘い、愛と奉仕の交わりにおいてキリストと一つとなることである」と語られている。教会が、本来の基本的姿に立ち帰って生きることは、国家主義的な全体主義の嵐が起こりつつあった時代状況の中で重要な意義をもつ主張であった。

もう一つの意義としてあげられるのは、教会と国家の問題である。国家に対して教会がどのように関わるべきかを扱った「教会と国家」のリポートでは、「国家に対する教会の第一の責務は、教会となることである。すなわち、神に対して証しをなし、み言葉を説教し、人々の前でその信仰を告白し、若者にも高齢者にも神の戒めを守るように教え、そして民族と国家に仕えることである」と語られている。それゆえ、教会が教会となるかぎり、教会は「国家に対して忠実であり服従する」が、もし「その服従が、神の戒めに明確に矛盾する場合にのみ、それは不服従となる」と、不正義の国家に対する教会の抵抗の可能性も明言されている。この文言は、全体主義的な国家主義の時代における教会のあり方を語るものであり、『バルメン宣言』の第五項と内容的に呼応していると言えるのである。

(2) WCC創立総会の平和主義

一九四八年八月二十二日から九月四日まで、オランダのアムステルダムにおいて開催された世界教会協議会(World Council of Churches＝WCC)の創立総会は、現代のエキュメニカル運動の歩みに大きなエポックを画す教会史的事件と呼べるであろう。創立総会では、「人間の無秩序と神の救済計画」(Man's Disorder and God's Design)という総主題が掲げられ、K・バルトとC・H・ドッドの二人の主題講演者より、総主題の神学的方向づけとその聖書的基礎づけについて語られている。さらに、その総主題の下で次のような四つの分科会が設定されている。第一分科会「神の救済計画における普遍的教会」(信仰・職制との関連)、第二分科会「神の救済計画における教会の証し」(宣教・伝道との関連)、第三分科会「教会と社会の無秩序」(生活・実践との関連)、第四分科会「教会と国際的無秩序」(諸教会による国際的友好関係促進との関連)。また、「諸教会の関心」に即して、次の四委員会が特別に設けられ、論議されている。①「教会における女性の生活と実践」、②「教会における信徒の意義」、③「ユダヤ人に対するキリスト者のアプローチ」、④「キリスト教の再建設と教会相互救援」。

総会が採択した『使信』では、「われわれは、信仰、職制、伝統の事柄においてのみならず、民族、階級、人種の傲りによっても相互に分裂し合っている。しかし、キリストは、われわれを彼に属するものとしてくださり、彼は分裂してはいない。彼を求めるなかで、われわれは互いに見出し合うのである。ここアムステルダムにおいて、われわれは新たにキリストに関わり、この世界教会協議会を構成するに際して互いに契約をかわした。われわれは共にとどまるつもりだ」と、キリストに従いゆくなかで共に歩み寄るエキュメニカルな決意が力強く宣言されている。

また『使信』は、「数百万の飢えている者、家がなく、故郷がなく、希望を失った者がたくさんいる。……われわれは、世界の罪責を分かち合うために、われわれに向けられた神の審きを受けいれなければならない」と、過ぐる戦争がもたらした悲惨さと教会が共に負うべき罪責に言及している。戦争に対するこのような教会の罪責をエキュメニカルな形で表明している背景に、エキュメニカルな代表団との関係で、一九四五年十月に出されたドイツ福音主義教会（ＥＫＤ）の『シュトゥットガルト罪責宣言』を見過ごすことはできない。

もう一つの焦点としてあげたいのは、国際社会における人権論をめぐってである。第四分科会の「教会と国際的無秩序」においてこの問題が論議されているが、さし迫った現実の課題としては、戦争のゆえに獄中にある者、政治的亡命者などの人権の問題が出されている。また、「ユダヤ人に対するキリスト者のアプローチ」に関する特別の委員会では、六〇〇万人のユダヤ人虐殺に直面し、その根拠となった反セミティズムの歴史的・思想的研究、また社会生活におけるユダヤ人とキリスト者の共存の研究、そしてパレスチナにおいてイスラエルの国家が創設されたことによる諸問題の研究が、課題として提起された。さらに、『宗教の自由に関する宣言』が承認され、同年に出された国連の『世界人権宣言』起草への共同参与という意味でも意義深い『宣言』であり、この『宣言』は、その後のＷＣＣ総会においても確認されている点からも、その重要さがうかがえるのである。

３　ＪＰＩＣとＤＯＶの取り組みの平和主義

(1) ＪＰＳＳからＪＰＩＣ世界会議へ

ＷＣＣにおける平和への取り組みは、創立総会以来、あらゆるプログラムに一貫して貫かれていると言える。とりわけ具体的なプロジェクトとしては、既述のように平和を探求する社会倫理思想「生活と実践」のルーツに根ざしている潮流であり、それは、ＷＣＣでは一九六六年にジュネーブで開催された「教会と世界」世界会議において継承されている。

その後危機的な重要課題となったのは、ナイロビにおける第五回総会以降であった。ナイロビでは、「公正で、参加型の持続可能な社会」(Just, Participatory and Sustainable Society ＝ＪＰＳＳ) のプログラムが提起され、そしてこのＪＰＳＳの具現化が一九七九年にアメリカのボストンで開かれた「信仰・科学・未来」(Faith, Science and the Future) に関する世界会議であった。これは、グローバルな規模で進行しつつある自然環境破壊に直面して、信仰と科学を新たに問い直そうとするものである。ボストン会議では、科学・技術の発展に伴う倫理的諸問題が広範に取り上げられ、討議されている。主要な問題としては、第一に今日支配的な自然の機械論的理解に対する宗教の対応、第二に生命の生物学的操作に関する倫理的問題、第三に核エネルギーをも含む世界のエネルギー問題、第四に先進国の科学・技術使用と第三世界の民衆の関係、そして第五には科学者による核兵器による軍拡競争の停止を訴える「平和のための科学」の主張等、多彩に論議されている。

ボストンでの世界会議は、さらに一九八三年にカナダのヴァンクーバーで「イエス・キリスト—世の命」という主題で開催された第六回総会において新たな展開を見せる。ヴァンクーバー総会における焦点は平和の問題であった。ヴァンクーバーでの平和論議において看過できないのは、八〇年代の初め米ソ二大国が東西ドイツ国境に高度な核兵器を新たに配備して軍拡競争に拍車をかけるという危機的状況が生じ、ことに西欧諸国で広範な反核運動が起こり、教会も重要な役割を果たしたという背景であろう。リポートでは、核軍縮支持を表明することは、明白にイエス・キリストを「世の命」と告白することに矛盾するとして、「教会は核兵器の使用だけではなく、その生産と開発も人間性に対する犯罪であり、そのような活動は、倫理的・神学的理由で厳しく非難されなければならないことを明確に宣言する時が来た」と力説している。そして、米ソ両国が新たに計画している核兵器配備を取りやめるように、また太平洋諸島でのあらゆる核実験を停止するよう呼びかけている。また総会では、この問題の緊急性に鑑みて、『平和と正義に関する声明』(Statement on Peace and Justice) を特別に採択し、増大しつつある平和と正義に対する脅威に直面して、「すべての人間に対する正義を伴う平和という聖書のヴィジョンは、キリストに従う者にとって数多くある選択の一つではなく、われわれの時代における緊急の要請である」と呼びかけている。

ヴァンクーバー総会でもう一つ注目すべきことは、「正義・平和・被造世界の保全」(JPIC—Justice, Peace and Integrity of Creation) というWCCの新たな取り組みが始まったことである。この取り組みの最も重要な特色は、「正義・平和」という従来の取り組みに加え、地球規模のエコロジー危機の問題が、「被造世界の保全」というキーワードで明確にエキュメニカルな課題となったという点である。WCCはJPICの取り組みにおいて、より幅広く平和と正義との結びつきによる「被造世界の保全」の課題を提起したと言える。

この取り組みは、一九九〇年の韓国のソウルにおけるJPIC世界会議の開催において豊かな実を結ぶが、このようなJPICとの関連で、キリスト教の批判的な自己検証が神学の各領域で推進され、環境倫理や生命倫理への取り組みが理論的にも実践的にも積極的に展開されてきた。ソウルでは、それまでWCCが積極的に取り組まんできた「正義・平和」の事柄だけではなく、「被造世界の保全」の事柄も、国境を越えて諸教会間で取り組まれるべき重要なエキュメニカルな課題として論議されたのである。このような「被造世界の保全」というエキュメニカルな課題は、世界各地においてさまざまの環境破壊の諸問題への取り組みとして担われてきている。それのみならず、従来の人間世界中心の神学を克服し、どのようにエコロジーの視点から新たな聖書解釈や創造の神学の展開が可能かという問いから多彩なエコロジー神学が展開され、エコロジーの視点に立った教会堂建築、礼拝や聖餐のあり方も試みられてきているのである。

なお、ベルリンの壁崩壊への一つの重要な契機となったライプチッヒの教会からの非暴力行進の背景にはＪＰＩＣの取り組みがあった。

(2)「暴力を克服する一〇年」（ＤＯＶ）

もう一つ、二十一世紀に入って以降のＷＣＣの最も大きなプログラムである「暴力克服の一〇年――和解と平和を求める教会」（Decade Overcoming Violence: Churches Seeking Reconciliation and Peace 2001-2010 = ＤＯＶ）の取り組みに言及したい。このＤＯＶのプログラムは、一九九八年にジンバブエのハラレにおいて開催された第八回ＷＣＣ総会において決定された重要な取り組みであり、ＷＣＣが世界各地の多種多様な暴力を阻止し、克服してきているさまざまの取り組みやネットワークをさらに強化する運動として位置づけてきたものである。この背景には、二〇〇一年から二〇一〇年までの一〇年間を「平和の文化と世界の子どもたちへの非暴力の国際一〇年」という国連のプログラムがあり、これと深く呼応するものである。ＷＣＣの多彩な領域において、このＤＯＶとの連関が考察され論議されてきたと言える。

たとえば、二〇〇四年のクアラルンプールでの信仰職制全体委員会では、ＤＯＶとの関係で「平和の神学的考察」というテキストが作成され、暴力克服としての平和を形成する神学的課題について論議された。また、二〇〇五年のアテネにおける世界宣教会議でも、特にＤＯＶとの関連を色濃く反映している「和解のミニストリーとしての宣教」という討議文書をもとに論議されている。そして、二〇〇六年にポルト・アレグレで開催された第九回ＷＣＣ総会においても、主題にＤＯＶの課題が反映され、全体会の主要テーマの一つとして掲げられ、後半期の取り組みの方向性と課題について論議されている。

さらに宗教間対話の部門の取り組みとして看過できないのは、二〇〇一年の九・一一以降の状況を踏まえて、平和的共存に貢献しうる宗教間対話の役割を強調した「エキュメニカルな考察——他宗教に生きる人々との対話と関係のために」という宗教間の対話と共生に関する基本的指針がまとめられ、二〇〇三年のWCC中央委員会において承認され、世界の諸教会に配信されたことである。

また、DOVのプログラムは、二〇〇二年から毎年地域を特定して推進され、それぞれの地域における多様な暴力とその克服をめぐる課題が、世界の諸教会に提示されてきた。

二〇〇五年にチェンマイで開催されたアジア・キリスト教協議会（CCA）の第一二回総会は、「すべてのものへの平和共同体の構築」という主題が掲げられた。以上のようなWCCの一〇年に及ぶDOVの取り組みは、これまでの取り組みの総括と今後の課題と展望を得るために、二〇一一年にジャマイカのキングストンにおいて、「エキュメニカルな国際平和会議」を開催している。この平和会議は、平和と正義について教会と神学が新たに考察し、促進することを鼓舞しようとするものである。「隣人を自分自身のように愛しなさい」というイエスの呼びかけが平和会議のモットーであり、主要なテーマとしては、共同体における平和、地球との平和、経済市場における平和、民衆の間における平和などについて論議されている。

二〇一三年十月から十一月にかけて、韓国の釜山でWCC第一〇回総会が開催され、「いのちの神よ、われらを正義と平和へと導いてください」という主題の下で多彩なプログラムが展開され、総会全体のメッセージでも「正義と平和の巡礼への参与」が呼びかけられた。東アジアで開かれたこともあり、朝鮮半島の南北分断と統一問題は、会期中も多様な局面で言及され、そして総会全体の『メッセージ』においても明確に表現されたことは、「正義と平和」の主題から見ても大切な要点であった。

もう一つ東アジアの視点から、その二年前に東日本で起こった大震災と津波、そして福島の原発事故の問題である。特に原発問題については、総会全体での論議と反原発の方向を目指す努力がなされ、二〇一四年七月の中央委員会では、「核のない世界に向けた声明」が議決された。

4 ウクライナ戦争とWCCの平和主義

(1) ウクライナ戦争とWCC中央委員会

ロシアの軍事的侵攻とWCC

最後に、現在進行中のロシアによるウクライナ侵攻による戦争に対するWCCの取り組みについて言及したい。二〇二二年二月二十四日、ロシアのウクライナへの軍事侵攻が始まり、すでに多くの地域が破壊され、数多くの犠牲者を出している。また当初から多くの避難民が西側諸国に流れ込み、日本にも避難民が押し寄せてきている。

今回のロシアの軍事侵攻との関連で、東方正教会に厳しい問いかけが突きつけられている。歴史的にロシアとの関わりが深い日本ハリストス正教会は三月十日、ロシアによるウクライナ侵攻を受けて「愛と平和の希求」と題する声明を発表し、あらゆる暴力行為と破壊に反対するとの姿勢を明らかにしている。ロシアの軍事侵攻開始直後の二月二十四日、ウクライナ正教会（モスクワ総主教庁系）の首座主教であるキエフ府主教オヌフリイは、ウクライナ国内の信者に向けて、ロシアによる軍事侵攻は悲劇的出来事だとし、「戦争をやめ、交渉の席に着き、今われわれを分断している問題を、理性と言葉の助けを借りて、文明的で神聖な方法で解決するよう、すべての人に呼びかける」と語りかけている。

その翌日、WCCはオヌフリイ府主教のメッセージに対して支持を表明し、さらに三月二日にはWCCのイオアン・サウカ総幹事代行は、モスクワおよび全ロシア正教会の指導者キリル総主教宛てに書簡を送付した。その書簡では、「ウクライナの戦争という悲劇的な状況は、多大な苦しみと人命の損失をもたらしています。私たちの兄弟姉妹の多くは、高齢者、女性、子どもたちを含め、命を守るために家を離れなければなりませんでした。

世界中が懸念し、平和的解決への希望の兆しを期待しています」と述べている。そして、「この戦争、流血、苦しみを止めるために為政者たちへの介入と調停を行っていただき、対話と交渉を通じて平和をもたらす努力をしていただ」きたいと、総主教から政治的為政者への調停を強く依頼している。

このサウカ総幹事代行の書簡に対して三月十日、キリル総主教から返書が届いた。その中でキリル総主教は、対立の起源は西側諸国とロシアの関係にあるとしたうえで、「NATO加盟国は、これらの兵器がいつか自分たちに対して使われるかもしれないというロシアの懸念を無視して、軍備を増強してきた」と指摘し、さらに「ウクライナ人やウクライナに住むロシア人を精神的にロシアの敵に作り変えようとした」と西側諸国の指導者らを強く非難している。二〇一四年、首都キエフで勃発したウクライナ騒乱（マイダン革命）に際して、WCCのオラフ・フィクセ・トヴェイト総幹事（当時）が懸念を表明したことにも触れ、今回の経済制裁にも「ロシアの政治・軍事の指導者だけでなく、とりわけロシア国民を苦しめようとする意図が露骨に表れている」として、「主の力によって、一刻も早く正義に基づく恒久的な平和が確立されるよう」求めている。このようなキリル総主教の主張は、プーチン大統領の主張と軌を一にするものと言える。

WCC中央委員会の『声明』

WCCの第一一回総会が八月三十一日から九月八日にかけてドイツのカールスルーエで開催されるその最後の準備を行う中央委員会が、六月にジュネーブで開催された。その中央委員会で最も重要な議題の一つとなったのは、ウクライナにおける戦争であり、それまでのWCCの取り組みについてサウカ総幹事代行よりリポートを聞いて論議を交わした後、『ウクライナにおける戦争に関する声明』（WCC Central Committee Statement on War in Ukraine）という声明を採択している。

中央委員会のウクライナでの戦争に関する声明は、「殺戮とそれに伴う他のすべての悲惨な結果をもたらす戦争は、神の本性と相容れないもので」あり、ウクライナの人々と主権国家にもたらした非合法的で容認できない戦争を遺憾と思いつつ、「殺戮と他の悲惨な結末をともなう戦争は、われわれの根本的なキリスト教とエキュメニカルな諸原則に反対するものである」と述べている。また声明は、「この悲劇的な戦争を終結し、死と破壊を即座に中止し、そして持続可能な平和を保証する対話と交渉するように、WCCにおいて代表されるグローバルな諸教会の交わりのアピール」を繰り返し訴えている。声明はさらに、「対立と分断を増進するより、平和を促進する国際的な共同体による大きな介入」を呼びかけ、そして「加盟教会と地域との共に、出会いと対話のためのプラットホームと安全なスペースとして、世界教会協議会の使命と特別の役割」を強調している。そして、「一致と世界に共に仕えるためにそのメンバーの責務」として、「エキュメニカルな交わりのメンバーがこのようなプラットホームをロシアとウクライナにおいて創出するよう促す」と呼びかけている。

総幹事代行一行のウクライナ訪問

中央委員会の要請もあり、WCC代表団が八月一日から五日までウクライナを訪問した。代表団は今回の訪問で、宗教問題に取り組むさまざまな国家機関と面会し、進行中の戦争の犠牲者から話を聞いて、ウクライナ教会代表団のメンバーに出国の許可を与え、カールスルーエでの第一一回総会に出席できるよう支援を求めた。WCC代表団は、地元の教会や国家機関の代表者と会談。訪問中、サウカ総幹事代行にマティアス副総幹事などが同行した。サウカ総幹事代行は、「私たちはウクライナの人々への連帯を示し、カールスルーエで開催される次のWCC総会にウクライナの声が反映されることを確認するために来た」と、民族問題・良心の自由のためのウクライナ国家サービス局代表のオレナ・ボグダン氏に伝えた。訪問中、WCC代表団はウクライナの文化・情報政策大臣であるオレクサンドル・トカチェンコ氏とも会談し、ロシアのウクライナに対する侵略戦争が続いている間はロシアの参加を停止するよう訴えたことを伝え求めた。これに対してサウカ総幹事代行は、六月に開かれたWCC中央委員会は、一部の教会から出た停止案を深く議論し、今後も教会が出会い、互いに挑戦し、公正な平和に基づく和解と癒しの方法を探す開かれたプラットホームを維持し続けるべきとの結論を全会一致で決定した、と応答している。

WCCの視点とアプローチを聞いたトカチェンコ氏は、WCC総会に十分な数のウクライナ人を参加させ、彼らが今日のウクライナの状況と現実について自ら語れるようにすることを求めた。総会のために代表参加者がウクライナから出発する許可を得た。

(2) 第一一回WCC総会と総幹事代行のロシア訪問

第一一回WCC総会の『声明』

WCCの第一一回総会が、八月三十一日から九月八日まで、ドイツのカールスルーエにおいて開催された。総主題は、「キリストの愛が世界を和解と一致へと動かす」という総主題であり、二〇一三年に韓国の釜山で開かれた第一〇回総会以降の諸課題をめぐって論議され、総会の『メッセージ』をはじめ、幾つかの重要な『声明』が採択された。その中で、参加者の大きな関心を喚起したウクライナ戦争については、『ウクライナにおける戦争――ヨーロッパ地域における平和と正義』という声明が採択された。この『声明』の採択に先立って、サウカ総幹事代行の戦争勃発以降のWCCの取り組みに関する報告があり、ウクライナ訪問に際してウクライナ正教会の代表を総会に招待したことにより、ウクライナ教会の二人の戦禍における厳しい状況の発題・報告が行われている。

採択された『ウクライナにおける戦争――ヨーロッパ地域における平和と正義』(War in Ukraine, Peace and Justice in the European Region) においては、この六か月間で、一三〇〇〇人以上のウクライナの民間の死傷者が出たし、マリウポリのような諸都市が廃墟となった。この間に約一四〇〇万の人々(ウクライナの全人口のおよそ三分の一）が自分たちの家を後にせざるを得ない状況に追い込まれたこと（国連難民高等弁務官事務所〔UNHCR〕による）、さらに、ザポリージャ原発がその近郊の軍事的活動によってダメージを受けて破局的な危機的状況に陥っていることなど、戦争がもたらした悲劇的・危機的状況について叙述している。

今回の総会は、中央委員会によって表明された立場を強く宣言し、「この非合法的で、不義の戦争を非難する。世界の多様な地域から集うキリスト者として、われわれは死と破壊を止めるよう直ちに停戦すること」を、さらに持続可能な平和を保証するために対話と交渉を新たに呼びかけている。また声明では、「戦争が神の本性と相容れないこと、そして人間性にとって、われわれの基本的なキリスト教的、エキュメニカルな諸原則に反している」という中央委員会の宣言を強く支持している。したがって、「軍事的攻撃や憎悪を正当化するあらゆる宗教的な言語や権威を拒絶する」ことを新たに力説しているのである。さらに、「われわれは、すべての勢力がザポリージャ原発や他の原発の近郊での軍事的行動を控え、撤退することを促す。そのことは、現在と将来の世代に想像を絶する威嚇・脅威となるであろう」と、原発近郊の軍事的脅威に警告を発している。

ＷＣＣはその加盟教会とともに批判的な役割を負っているので、対立から生じている世界とエキュメニカル運動にとっての差し迫った課題を扱うために出会いと対話のためのプラットホームと安全スペースを創出する責務があると述べている。それゆえ、「われわれは、ロシアとウクライナにおけるわれわれのキリスト者としての兄弟姉妹と教会の指導者たちに、ウクライナの人々が引き続き死と破壊、追放と強奪にさらされることに抗議の声をあげるという中央委員会のアピールを繰り返す。われわれは、ＷＣＣが、平和に向けてのすべての声が聴かれ、増幅してゆくようなプラットホームを提供するよう」呼びかけているのである。声明の最後には、戦争によって多くの移住者が西側諸国に避難する状況に対して、イエスの良きサマリア人のたとえに応答して、隣人として受け入れるよう呼びかけられている。そして、「加盟する諸教会やパートナーと情報や連帯、弁護や伴走を分かち合いながら、移住者に出会いと対話のスペースを創出する。このような文脈で、移住者に関するＷＣＣのグローバルなエキュメニカル・ネットワークを新たに活用することが考えられるべきである」と呼びかけているのである。さらにヨーロッパにおける移住者のための教会委員会（ＣＣＭＥ）やACTAllianceなどとの緊密な協力も促されているのである。

なお、総会で採択された「平和に向けての様々の事柄――世界を和解と一致へ動かす」(The Things That Make For Peace: Moving the World to Reconciliation and Unity）においては、世界の諸教会における平和の取り組みが盛り込まれているが、日本の教会からは平和憲法について取り上げられ、「日本の憲法第九条は、第二次大戦の灰の中から生まれた重要な遺産として、そしてグローバルな平和にとって貴重な資産として認められている。われわれは、世界中のキリスト者と全ての人々が、この遺産を堅持しようと努力している日本の教会と市民社会に連帯し、この原則を他の国々に勧めるよう促進する」と語られている。

総会後の総幹事代行のモスクワ訪問

カールスルーエでの第一一回総会以降で顕著な出来事は、十月十七日にサウカ総幹事代行がモスクワを訪問し、ロシア正教会のキリル総主教と会談をして「ＷＣＣコミュニケ」を公にしたことである。サウカ総幹事代行がウクライナ戦争以降、ウクライナ正教会やロシア正教会を積極的に訪問して、平和への対話を橋がけることが可能となった背景には、サウカ総幹事代行がルーマニア正教会の神学者であり、司祭であったことは看過できないであろう。ロシア訪問は、六月に開催されたＷＣＣ中央委員会の委託を受けてのことであり、紛争や戦禍で傷ついている中東のシリア、レバノン、イスラエル、パレスチナ、そして八月にはウクライナ、今回はロシアを訪問する経緯に言及している。そして、ロシア訪問の理由は、「われわれが平和と和解の橋を共に架け、流血と核を用いる危険性を阻止する」ことにあることを明言している。さらにサウカ総幹事代行は、「ＷＣＣの加盟教会からロシア正教会を排除する要請があったことに言及」し、このような提案が投票で決議されたとき、すべての中央委員会のメンバーは、「ロシア正教会はＷＣＣの交わりにとどまり、しかも特に公的に行った貴殿の説教とスピーチにおいて戦争を支持する神学的議論について対話を継続することを決議した」と述べている。

サウカ総幹事代行のキリル総主教への問いかけは、聖なる戦争（聖戦）をどのような神学的観点からとらえるのかということ、そしてキリル総主教がウクライナにおける戦争との関連で使った戦争における自己犠牲の神学的意義とは何か、そして「形而上学戦争（metaphysical war）」の意味とはいかなるものか、を問いかけた。明らかに驚いた様子で総主教は、「戦争に対する私の神学的な立場？　いかなる教会もキリスト者も戦争や殺戮を支持する立場を持つことはできないとは、私は考えていない。教会として、われわれは平和を実現する者であり、いのちを防御し守ることを呼びかけてられている。戦争が、聖であることはありえない」と、「聖なる戦争」という考え方を否定している。そのうえで総主教は、「しかし、自分とそのいのちを守り、あるいは自分のいのちを他の人々のために与えなければならない時には、物事は異なるように見えてくる。われわれは、キリスト教の歴史において多くの事例を持っている。がしかし、平和を実現する者として対話を通して平和をもたらすあらゆる努力をし、あらゆる対立や暴力を回避しなければならない。これが私の形而上学的な戦争観であって、ウクライナにおける物理的な殺戮や対立とは無関係である」と語っているのである。終わりに、ＷＣＣ総幹事代行は、「われわれは、ロシア正教会を評価する。それは、ＷＣＣの最も大きな教会の一つである。われわれすべては、ロシア正教会がＷＣＣの一部であり続けると期待したい。なぜなら、長年にわたってロシア正教会はエキュメニカル運動と正教会にとっても重要な貢献をしてきたからである」と語り、会談を終えているのである。

結び

以上、本稿では、エキュメニカル運動（エキュメニズム）の基本的な理念と歴史的な軌跡の輪郭、また一九二五年の第一回「生活と実践」世界会議、およびWCC創立総会における平和主義について考察してきた。さらに、一九八〇年代に提起された「正義・平和・被造世界の保全」（JPIC）と、二十一世紀を迎えて提起された「暴力を克服する一〇年」（DOV）という二つのWCCにおける平和主義の取り組みについて検討した。そして最後に、ロシアがウクライナへ軍事的に侵攻して以降の戦争に対して、WCCがどのような取り組みを展開してきたかを考察した。日本の教会の関連では、カールスルーエ総会において憲法九条の平和憲法を社会と連帯して守る努力が、世界の諸教会においても評価されてきていることが理解されるが、足元におけるエキュメニズムと平和主義を推進する課題を心に刻みたい。

参考文献

拙稿「エキュメニズム」「世界教会協議会」「国際宣教協議会」（『岩波 キリスト教辞典』岩波書店、二〇〇二年）
拙稿「草創期の現代エキュメニカル運動」（『神学研究』第三七号、一九九〇年）
拙稿「全体主義の世界情勢におけるエキュメニカル運動――一九三〇年代を中心として」（『神学研究』第四〇号、一九九三年）
拙稿「戦後のエキュメニカル運動史（前）――一九四五～六一年」（『神学研究』第三八号、一九九一年）
拙稿「戦後のエキュメニカル運動史（後）――一九六一～九一年」（『神学研究』第三九号、一九九二年）
拙稿「エキュメニズムと平和主義」（『富坂キリスト教センター紀要』二〇二一年三月）
WCC『宗教間の対話と共生のために――エキュメニカルな指針』（神田編集・村瀬義文訳、NCC宗教研究所双書、新教出版社、二〇〇六年）
拙稿「WCC五十年の回顧と展望」（『福音と世界』一九九八年八月号）

拙稿「二十世紀神学の総決算——エキュメニカル運動」（『福音と世界』二〇〇〇年八月号）
拙稿「二十一世紀のエキュメニカル運動の新たな展開」（『福音と世界』二〇一〇年十一月号）
拙稿「第一〇回ＷＣＣ総会に出席して」（韓国『基督教思想』二〇一三年十二月号）
ＷＣＣのホームページを参照。

II　太平洋戦争と平和主義

クリスチャン林市造・本川譲治の神風特攻と信仰

山口 陽一

はじめに

公益財団法人特攻隊戦没者慰霊顕彰会によると、太平洋戦争における特攻死は六、四一八人、うち航空機による特攻死は三、九〇三人である。そこには相当数のキリスト者がいたと思われる。その中に、信仰による心情を書き残した二人の青年がいる。学徒出陣した京都帝大の林市造と慶應義塾大学の本川譲治である。二人は信徒の家庭に育ったクリスチャンであり、林はバプテスト教会から分離した福岡のアサ会の感化を受け、本川は日本基督教会柏木教会の信徒であった。林と本川はそれぞれ学徒出陣し、奇しくも同じ海軍第一四期飛行予備学生となり、林は一九四五年四月十二日に沖縄戦、本川は五月十一日に台湾戦で戦死した。

共同研究「兵役拒否・平和主義・エキュメニズム」の成果として本稿を記す意図は、アジア・太平洋戦争期の日本における「兵役拒否・平和主義・エキュメニズム」の現実を考えることにある。「エキュメニズム」を単に「教会一致運動」とするならば、一九四一年成立の日本基督教団は画期的な成果であった。約七十年間に設立された三十三の教派が合同し、日本におけるほぼすべての教派が一つの教団となったのである。ところがこれは最悪のエキュメニズムであった。すなわち、戦争遂行のための合同は「平和主義」の真逆であり、死ぬことでしか目標を達成し得ない神風特攻は「兵役拒否」の対極にあると考えられる。そして皇国・国体を神と並べた偶像礼拝は、神のみを礼拝するキリストの教会の罪責にほかならない。この神風特攻にキリスト教信仰がどのように関係したのかの考察が小論のめざすところである。それは、平和の福音のために一つに召されたキリストの教会の真のエキュメニズムをめざすことでもある。

林市造の遺稿（手紙）は一九四九年四月、福岡高等学校第一九回文甲同窓会編『雁來紅――村上・林・中村三氏遺稿集』に掲載された。林が母に宛てた手紙の一部は、福岡高校の友人で東京大学に進学した伊東一義の提供により『きけ わだつみのこえ』（一九四九年十月）に収録された。さらに、Charles von Doren ed., *Letters to mother*, Channel Press, 1959 に、日本人としてただ一人 Ichizo Hayashi の "The Day After Tomorrow I Must Die" が収録され、林はクリスチャンであることが紹介されている。ほかにも『きけ わだつみのこえ』からの転載が複数ある。

母まつゑが一九八一年に亡くなり、一九八二年に姉の加賀博子編『林市造遺稿集 日記・母への手紙 日なり楯なり』が出版（私家版）され、九五年に改訂版が櫂歌書房から出版された（以下、『日なり楯なり』）。湯川達典『特攻隊員林市造 ある遺書』は一九八九年に九州記録と芸術の会から発行され、一九九三年に櫂歌書房から再版される（以下、『ある遺書』）。『日なり楯なり』と『ある遺書』は、『きけ わだつみのこえ』他の誤記を修正し、『ある遺書』は旧仮名遣いの原文に戻している。そのほか、蝦名賢造『太平洋戦争に死す 海軍飛行予備将校の生と死』（西田書店、一九八三年）、森岡清美『若き特攻隊員と太平洋戦争 その手記と群像』（吉川弘文館、一九九五年）、多田茂治『母への遺書 沖縄特攻林市造』弦書房、二〇〇七年）、石川明人『戦場の宗教、軍人の信仰』（八千代出版、二〇一三年）が、林市造を紹介している。

本川譲治については、その遺稿が渡辺光敏編『永遠の幕屋へ――本川譲治を忍びて――』（私家版、一九八八年）がまとめられ、二〇一〇年に増補改訂版が出版された（私家版、以下、『永遠の幕屋へ』）。その一部は、日本キリスト教会柏木教会靖国神社問題特別委員会編『証言集 戦争と信仰――戦中、戦後の経験をふり返る――』（一九九六年）に収録されている。

1　林市造について

京都帝国大学から学徒出陣した林市造は、一九四五年四月十二日、神風特攻隊として出撃し、与論島東方の敵機動部隊に突入し戦死した。二十三歳だった。三月三十一日に朝鮮北部の元山《ウォンサン》から母親に宛てた最後の手紙が残されている。

「お母さん、とうとう悲しい便りを出さねばならないときがきました。（中略）ともすればずるい考へに、お母さんの傍にかへりたいといふ考へにさそはれるのですけど、これはいけない事なのです。洗礼をうけた時、私は『死ね』といはれましたね。アメリカの弾にあたつて死ぬより前に汝を救ふもの丶御手によりて殺すのだといはれましたが、これを私は思ひ出して居ります。すべてが神様の御手にあるのです。神様の下にある私達には、この世の生死は問題になりませんね。エス様もみこ丶ろのま丶になしたまへとお祈りになつたのですね。私はこの頃毎日聖書をよんでゐます。よんでゐると、お母さんの近くに居る気持がするからです。私は聖書と讃美歌を飛行機につんでつ丶こみます。（中略）お母さん、でも私の様なものが特攻隊員となれたことを喜んで下さいね。死んでも立派な戦死だし、キリスト教によれる私達ですからね。でも、お母さん、やはり悲しいですね。悲しい時は泣いて下さい。私も悲しいから一緒に泣きませう。そして思ふ存分ないたら喜びませう。私は讃美歌をうたひながら敵艦につ丶こみます（後略）。」（『ある遺書』二〇四〜二一四頁）

市造の部隊はその後、鹿児島の鹿屋に移動し、出撃する四月十二日までに、母に宛ててさらに三通の手紙が書かれた。

林市造は一九二二年に福岡市荒戸で生まれた。父の俊造は内村鑑三に影響を受けたクリスチャンで、母のまつゑは夫に導かれて受洗し、熱心な信仰者となっていた。市造は荒戸のホーリネス教会で兼牧師から幼児洗礼を受けたという。俊造が東京帝国大学農学部助手として上京し、家族はまつゑの実家、宗像郡吉武村中ノ尾の祖母の隠居所に仮寓した。不幸にも俊造が病死し、二歳の市造は姉の千代子と博子、弟の満喜雄とともに母の手一つで育てられることになる。母は吉武小学校で裁縫の教師を務め、四人の子を連れて桑原信牧師の津屋崎教会に通った。朝早く赤間駅まで馬車で行き、福間駅まで汽車に乗り、馬鉄で津屋崎の教会に到着、礼拝出席は一日がかりだったという。村の名士の娘である母は、吉武村伝道会と称する会を設け、桑原牧師や西南学院院長のドージャー（C.K.Dozier 一八七九～一九三三年）、スペンサー（R.S.Spencer 一八八八～一九五三年）宣教師を招いて伝道した。そこには軋轢や迫害もあったようで、市造が小学校五年生の時、母は子どもたちの教育のために福岡に出る。

市造は修猷館中学から一九四〇年に福岡高等学校に進学した。高校では寮に入り、そこで呉アサ会の牧師田中種助（遵聖）から薫陶を受ける。福高にはＹＭＣＡがあり、福岡アサ教会の牧師河野博範（豚崖）が講師を務めていた。このアサ会については後述する。市造は、家庭でも高校でもキリスト教的な環境の中にいて、家族と讃美歌を歌い、仲間たちと神を論じ合った。市造は小柄ながらがっしりした体型で、愛称は「豆造」、頰はふっくらし、口数は少なく、下唇を突き出してしゃべったと友人たちは彼の印象を記している。スポーツ万能で、海洋訓練部の主将として博多湾をヨットで運航し、星や花にも詳しい天真爛漫な青年だった。哲学を志したが、家の貧しさを顧慮して経済学部に進学した。

2　林市造の特攻

林市造は福岡高等学校を繰り上げ卒業し、四二年十月には京都帝国大学経済学部に入学する。一九四三年九月に文系学生の徴兵猶予が停止され、十月二十一日の明治神宮外苑競技場での学徒出陣壮行会に参加、十二月九日には佐世保海兵団に二等水兵として入団した。湯川達典によれば、彼らの洗礼は直前の十一月だったようである。「其日田中先生は、弾に当たったり病になったりして死ぬ前に、主に死なせてやるのだと仰言った」（『ある遺書』一〇〇頁）。林は一九四四年二月一日に土浦海軍航空隊に配属され、海軍第一四期飛行予備学生となった。五月二十八日に鹿児島の出水航空隊に配属され、九月二十八日には朝鮮の元山航空隊に配属となり、特攻隊要員として速成訓練を受けた。一九四四年に入ると日本軍の戦死者は急増し、海軍は十月までに年頭の搭乗員数の四二%にあたる五、二〇九名のパイロットを失った。これを補うための海軍飛行予備学生は「テンプラ」と呼ばれたという。「早くあがる」という意味で、練習四か月、実用四か月という短期での養成だった。戦闘には未熟すぎるパイロットがなし得る攻撃は、「特攻」以外になかった。

十月二十一日、フィリピンのレイテ島において神風特別攻撃が開始された。草柳大蔵は『特攻の思想 大西瀧治郎伝』において、「決死」と「特攻」はまったく性質を異にすると述べる。「特攻」は決死の覚悟をしているのではなく、「死」でしか任務を遂行できない。「特攻」は決死の局面の兵士の判断ではなく「制度」である。草柳は大西という型破りな軍人の国家観から特攻の思想を探り、こう語る。圧倒的な劣勢において「勝機をつかむ」から「勝たないまでも負けない」へ変化し、そして最後に「万一、負けたとしても、特攻が出たことの精神的意義において、国は滅びない」という心情が出る。大西中将における心情の三段変化は、言い換えれば、価値目的の変化である。その終点に「勝敗」を超えて「国家」が出てくる。レイテ戦で始まった特攻は、台湾戦、沖縄戦でくり返され、本土に呼び戻された大西中将は、その延長として本土徹底抗戦を主張した。大西は、特攻を「統率の外道」と認識しつつ発令し、これを最後まで継続した。[*1]

十二月二十五日、林市造らの第一四期飛行予備学生は少尉に任官された。このめざましい昇進は特攻隊としての死の準備にほかならない。

一九四五年一月一日、市造は大学ノートに日記「日なり楯なり」を書き始める。題名は詩篇八四篇一一節から採られた。三月三十一日、市造は特別攻撃命令を受け、冒頭に記した母への最後の手紙を書く。四月一日、鹿児島の鹿屋基地に到着、連合軍が沖縄に上陸し、特別攻撃命令が出され、四月六日から菊水一号作戦に特攻が発動された。八日には戦艦大和が撃沈される。四月十二日から菊水二号作戦が行われ、林市造は第二「七生隊」の一員として出撃した。

林市造の四月十二日の特攻死を、母まつゑは五月下旬に市造の学友である土井堅太郎から知らされ、五月三十日の新聞でこれを確認した。

姉の博子によると、市造の愛唱讃美歌は三二一番（一九三一年版。現行讃美歌三三七番）であったという（『ある遺書』五八頁）。

一　わがいけるは　主にこそよれ
　　死ぬるもわが益　またさちなり
四　主のためには　十字架をとり
　　よろこびいさみて　われはすすまん

後述する本川譲治もこの讃美歌を愛唱歌としており、時代精神を表す歌詞だったのであろう。彼は元山での最後の晩、友人である土井堅太郎の留守の私室を訪れ、引き出しの飛行服の写真の裏にこう綴った。

友に伝へよ　我が止むに止まれぬ命を
For me to live is Christ. To die is also gain

甘酒くみて酔はん日のかたみに

讃美歌「わがいけるは、主にこそよれ、死ぬるもわが益、またさちなり」、そして、ピリピ人への手紙一章二一節、「生くるはキリストなり死するも又益なり」は、洗礼において「死ね」と告げられた市造の特攻に臨む信仰であった。

湯川達典は言う。「彼らは『皇国の礎となるために死ぬ』と書いているが、それは戦争末期に二十歳前後となった人間の、精一杯の生き方でもあったと思う。彼らの遺書が、父母や兄弟姉妹への限りない優しさに満ちているのは、そのような死＝生き方しか選べなかった人間の真情であろう。」（『ある遺書』四一頁）

第十次までの菊水作戦が六月まで続き、学徒出陣の海軍予備学生の特攻死は、第一三期四四八人、市造の第一四期が一六三人である。*2 この一六三人の中に、後述する本川譲治もいる。

3　林市造の信仰

林市造の信仰について、母まつゑとの関係、田中遵聖とアサ会の影響、福岡高校ＹＭＣＡの交友関係から考察してみたい。

市造の信仰は母から受け継いだものである。母まつゑは、夫に導かれて入信したものの、十字架が自分のためとわかるのに十年もかかったと娘に語っている。父の死後、家族の信仰は津屋崎教会の桑原信牧師に支えられていた。娘の博子は、深夜、庭に出て一心に祈る母の姿は崇高に見えたと語る（『日なり楯なり』一九七頁）。

母は、海軍予備学生となった市造のために縁談を進めていた。冒頭に紹介した三月三十一日の手紙はそれをふまえて記されている。

「母チャンが私をたのみと必死にそだて、くれたことを思ふと、何も喜ばせることが出来ずに、安心させることもできず死んでゆくのがつらいのです。私は至らぬものですが、私を母チャンに諦めてくれ、といふことは、立派に死んだと喜んで下さいといふことはとてもできません。（中略）婚約その他の話、二回目にお手紙をいたゞいたときはもうわかつて居たのですがどうしてもことわることができませんでした。又私もまだ母チャンに甘へたかつたのです。この頃の手紙ほどうれしかつたものはなかつたです。（中略）母チャン、母チャンが私にこうせよと云はれた事に反対して、とうとうこゝまで来てしまいました。私として希望どほりで嬉しいと思ひたいのですが、母ちゃんのいはれる様にした方がよかつたかなあと思ひます。」

長い手紙から一部を紹介しているが、このあとに冒頭（八六頁）で紹介した「ともすればずるい考へに」以下の言葉が続き、最後に、「軍隊といふ所へ入つても私は絶対にもとの心を失ひませんでした」と書かれている。林はこの手紙を友人の梅野正四郎に託している。検閲を避けるためとも思われるが、その心情は「恥ずかしい」だった。「この手紙、梅野にことづけて渡してもらうのですが、絶対に他人に見せないで下さいね。やつぱり恥ですからね。」その後の手紙にも「日記類は必ずやきすてゝ下さい。人に絶対にみせてはいけないものですからね」とある。林の手紙と日記は母だけに本心を綴っており、その意味でもかけがえのないものである。
二月二十三日の日記には、三月三十一日の手紙につながる母への思いが記されいる。

「私たちの命日は遅くとも三月一杯中になるらしい。死があんなに怖ろしかつたのに、私たちは既に与へられてしまつた。（中略）私の過去は少なくとも私の環境は美しかつた。それだけ、私は夢をみて死ねる気がする。だけど、私の母のことを考へるときは、私は泣けて来て仕方がない。母が私をたよりにして、私一人を望みにして二十年の生活を闘つて来たことを考へると、私の母が才能ある人であり、美しい人であり、その半生の恵まれてゐた人であつただけ、半生の苦闘を考へるとき、私は私の生命の惜しさが思はれてならない。（中略）私は私の母が信ずる神を信じてゐるといふことは何といふ強味だらう。すべては神のみむねであると考へてくると私の心はのびやかになる。神は母に対しても私に対しても悪しくなされるはずがない。私達一家への幸福は必ず与えられる。私はいつか、死んでもいつか、母と一緒にたのしく居ることを夢に見る。」

朝鮮から鹿児島の鹿屋に移ってからの手紙には、「お母さんの、千人は右に万人は左にたほるとも……のかいてある国旗も身につけてゆきます」とあり、「敵の行動にぶり勝利は我にあります。私達がつゝこむことにより、最後のとゞめがさゝれませう。うれしいです。我々にとりて生くるはキリストなり死するも又益なりです。これが誠に痛切に思はれます」とあり、母との信仰の絆をピリピ人への手紙一章二一節で結んでいる。そして、本当に最後になった出撃前日の手紙は、「今日は学校のオルガンで友達と讃美歌を歌ひましたよ」で終わっている。

市造に洗礼を授けた田中遵聖（一八八五〜一九五八年）はアサ会の牧師である。田中はシアトル組合教会で久布白直勝から受洗し、東京学院（現・関東学院）神学部に学び、若松バプテスト教会および久布白の後継として東京市民教会の牧会にあたった。一九二五年から二七年にかけての聖霊体験とその喪失による煩悶の中で東京市民教会を辞し、小倉のシオン山教会に赴任する。一九二八年夏、八幡の山中の番小屋で、同じく信仰の行き詰まりを覚えていた河野博範と一か月を過ごす間に十字架のキリストの霊にあずかる体験をし、アサ会が生まれた。「アサ」は、闇の払われる「朝」とも、「アーメンと賛美」の頭の字をとったともいわれるが、説明を超えてキリストの霊にあずかることを表している。田中は一九二九年三月から、無牧であった呉教会に赴任した。そこで田中は聖霊による祝福を説き大きな感化を与えるが、教会は分裂し、セーラー万年筆の創立者で信徒の阪田久五郎の別荘にアサ教会を設置した。アサ会は西部組合の若手教師たちの間に広がり、一九三一年十二月に田中、河野らはバプテスト教会と決裂した（「アサ会事件」[*3]）。アサ会は日本基督教団に加わるが、四三年十二月に離脱し、「アメンの友」を経て一九五二年にアメン教団となり、呉市に事務所を置いた。田中の死後、女婿の伊藤八郎が継承したが、次第に衰退した。

河野博範（豚崖、一九〇一〜七九年）は、九州帝国大学卒業後の一九三九年から福岡高校のＹＭＣＡ講師となり、翌年に林市造が入学する。寺園喜基は、河野博範から「信仰という語は、信ずる人間の方に力点がかかり人間中心主義の傾向をおびている。信仰における本当の主体は神であり、人間はただ神に受動的にしか関われないのだから、『信仰』よりも『受け』と言うべきだ、と教えられました」と言う[*4]。

田中遵聖の晩年の説教集『主は偕にあり[*5]』や、長男小実昌の小説『アメン父』、『ポロポロ』などに遵聖の、十字架のキリストを「受け」、十字架に「奪われ」、キリストと「直接する」という特異な信仰を見ることができる。「ポロポロ」は異言のことでキリスト臨在の信仰がよく描かれている。アサ会は教会論の欠如した聖霊運動であり、天皇制国体には迎合的である。伊原幹治は一九三二年に、田中遵聖が作詞した「アサの歌」一五番三節を紹介している。

「すめら御国に三千年　夜も日も絶えず訪いし
天津御国の御光を　今こそ仰げ主のうちに」（伊原、一九九〜二〇〇頁）

また、アサ会にはブルームハルトやバルトと共通する要素がある。秀村選三は、河野博範が福岡高校ＹＭＣＡでバルトを語っていたという。森春光は、彼が「啓示を受けると言っても、それまでには努力が必要だ」と言ったのに対し、林が「それは単なる人間の小さないとなみに過ぎぬのではないか」と答えたと追悼文に書いている

（『ある遺書』一一三頁）。アサ会の永野羊之輔[*6]はブルームハルトの紹介者となり、近藤定次や山路基はバルト神学に進んでいる。

林市造を育んだのは福岡高校ＹＭＣＡの仲間たちだった。林と一緒に田中遵聖から洗礼を受けたのはＹＭＣＡのリーダー格で後に九州大学教授となる猪城博之、戦後、共産党に入党する園田稔、二年先輩で高校から京大までの友人湯川達典で、彼らを田中牧師に引き合わせたのが河野博範である。秀村選三は信仰の友で後に九州大学教授となる。最後まで市造と共にいて、冒頭の母への手紙を託された梅野正四郎、出撃前夜に市造が私室を訪ねた土井堅太郎、市造が教会に導いた矢野烋夫、京大から陸軍に入隊した森春光、吉田荘八、戦後、旧制福岡高校戦没者一八六名の全記録を編んだ伊東一義、そして、岩田達馬、土持綱之などがいる。

湯川達典は言う。「いよいよ戦争が苛烈になって僕らの友達が多く出征するとき、田中先生から洗礼を受けた。先生は『汝死ね』と大声で三度ほどおっしゃった」（『ある遺書』一〇〇頁）。市造は、元山からの母への手紙に、「洗礼をうけた時、私は『死ね』といはれましたね。アメリカの弾にあたつて死ぬより前に汝を救ふもの、御手によりて殺すのだといはれました」と書いていた。これは母の言葉でなく田中遵聖牧師の言葉だった。

湯川は続ける。「死ぬということばは僕らもふんだんに使っていて、そのためこの御言葉も別に耳新しくひびかなかった。思えば僕らは自分で簡単に死ねると思っている、おめでたい人間だった。僕は病気で戦争にも行かず家でぶらぶらしていた。ふとしたことから河野先生をお尋ねし、アサ会の礼拝にも出席するようになった。（中略）戦争はますますけわしくなり、河野先生と二人で讃美しながら泣き出したこともあった。何かさけることの出来ない大きなものが僕に迫っていた。田中先生の『汝死ね』という言葉が新しい意味を持ってよみがえって来た。僕らが自分で死ぬということではない、一つの義が僕らに死を迫った。死なねばならぬというのではない、生きていなければならぬというのでもない。そのような人間のかかわりの世界とは全然別なところで、一つの事実が脈々と事実していたのである」(同書、一〇一頁)。

これは、一九四七年六月二十九日付で『アサ』誌に寄稿された文章である。最後の部分は、好むと好まざるとにかかわらず死と向き合わざるを得なかった世代の、この世からの超克を意味しているが、アサ会の信仰はそれを後押しした。

市造は、高校一年の春休みに河野博範の読書会で永野羊之輔らとキルケゴールの『死に至る病』を読む。市造は特攻に臨む朝鮮の元山でこれを再読し、吉田荘八に「暇を見つけて『死に至る病』を読了した。人生に対する猛烈なファイトが湧いてくるのを感ずる。高校以来逃げ回っていた俺だが」と書き送った。絶望を超えて悟ることがあったのであろう。そして、戦争の時代とアサ会による信仰の覚醒は、バンカラを謳歌していた市造たちに、幼き日の信仰を蘇らせた。

秀村選三は、旧制高校から大学までの「黄金《こがね》の時、珠の日」から学徒出陣へと向かう日々を振り返って言う。「彼は私のポケットの聖書や内村鑑三の『後世への最大遺物』をずっと読んでいたが、二人ともたしかに真剣な生活を送らねばならぬが故に、異端を誇っていた私たちも幼い日の信仰が蘇りつゝあったのではなかろうか」(『日なり楯なり』一四一頁)。

4　柏木教会の本川譲治の場合

本稿で紹介する特攻死したもう一人のクリスチャンは柏木教会の本川譲治である。本川は一九二〇年、淀橋区柏木において本川一郎、絢子の長男として生まれた。祖父の源之助は筑波郡小田の出身で、明治学院神学部に学び、ハワイにおける移民伝道に従事した。父はコーネル大学卒業の実業家であり、柏木教会の初期からの信徒で、一九三七年から四一年まで会計長老を務めている。柏木の家の四、五軒先には内村鑑三が住んでいた。

譲治は成城学園小学校から中学部に進学し、その後、玉川学園に転校した。一九三七年のクリスマスに植村環牧師から洗礼を受け、玉川学園中学部を卒業する。この間、内村門下の浅野猶三郎の聖書研究会に出席し、帝大生の中沢洽樹から英語の指導を受けている。洗礼の年の夏には中沢が本川一家の信州白骨温泉での避暑に同行し、譲治は中沢から大きな感化を受けた。一九四一年、慶應義塾大学予科に入学し、一九四三年に学徒動員で林市造と同じ海軍第一四期飛行予備学生となる。林と同じく翌年には少尉となり、一九四五年五月十一日に台湾沖航空戦において特攻死した。

本川は内村門下生に囲まれ、日本基督教会の信仰を受け継いでいた。クリスチャンホームに育ったのは林と同じであるが、林が無邪気なバンカラであったのに対し、本川は真面目でハイカラな信仰者だった。一九三八年に柏木教会の『橄欖《かんらん》』に書いた「山上垂訓研究」には次のような一節がある。

「平和ならしむる力はいずこより来るのであるか、それは全知全能、全てのものを極みまで愛し給う、唯一人の父なる神より来たるのである。一人一人の霊魂に平和は来り得るのである、その来り得る為めには武器を要せず、権力金銭を要せず。唯イエス・キリストの前に、己の一切を投げ棄てて、十字架を背負って、イエスに従うことのみである。」

同年の『橄欖』の「負《マイナス》より正《プラス》へ」には、林の愛唱歌と同じ「わが生けるは主にこそよれ　死ぬるもわが益　また幸なれ」を記して、私の好きな讃美歌だとし、「この深い真理が、心の奥深く、もう一度はっきりとわかる様な気がします」と記している。

本川は、新渡戸稲造『武士道』について「武士道こそは日本の華である、（中略）武士道の精神は一言にして尽きる、曰く忠誠」と記している。彼の「読書断片」からは教養の高さと謹厳実直な姿勢が伝わってくる。

本川譲治が大分県佐伯海軍航空隊基地から中沢治樹に宛てた手紙が残っている。本川の手紙はすべて軍用郵便として送られているようである。

「純粋にして永遠なるものを慕う心は、皆先生より与えられた賜物であります。夜空に輝くオリオンを今宵も仰ぎつつ、嘗て柏木や白骨温泉で御教え戴いた天の栄光を思いました、幸いなる過去はどんなに現在を力づけることでしょうか、否それは未来に対しても聖き希望を与えて呉れます、今や愛する国の光栄と勝利のために、只管《ひたすら》忠誠の道を邁進しつつある時に、永遠の希望の愈々輝くを感じます。」（昭和十九年春）

「フィリピン、台湾沖に開始せられた大決戦こそ、正に皇国の興廃を賭するものであります、我々の戦友も続々と出動して、貴き一生の終わりを華と咲かせています。我らの内なる魂には、勝利の二字が刻銘されています、願わくは皇国一億が、真に謙虚な心をもって正義を慕い、使命のために勇む様祈ってやみません、私もこちらで主にある交わりに連り、本当に感謝あるのみです、外出も一人前の士官として自由であります、然し初級士官のこととて遠慮もなければなりません、こちらにて藤井全集、植村全集、小崎全集などを読むを得て限りなく嬉しくあります。」（発信日不詳）

「（前略）戦局正に筆舌に尽し難き折柄、私も愈々最善の御奉公を致すことになります、帝国の存立に関する此時、大空の丈夫たる者、誰か勇気と忠誠に溢れないものがありましょうか。幸福なる国に生まれた感謝は本当に限りなく、此国の隆盛を、然り神の嘉し給う隆盛を祈ること切であります、顧れば多くの人々より、色々なる御恩を戴き身の幸福を泌々と思います。特に霊的方面に於て、私を御教導下されし方々に、何と感謝を申し上げてよいか知りません。私は小型の聖書と洗礼記念に柏木S・Sから戴いた讃美歌を持って行くことにします。聖書と讃美歌こそ人類に与えられし救いの兆であります。イザヤ・エレミヤ・アモス・ホセヤ・ザカリヤ・パウロ・ヨハネ・ペテロ・マタイ、而して主イエスの聖書は永遠であります。今手許にケーベル博士随筆集、蘆花のみみずのたわごと等があります、その他にミケランヂェロのイザヤ・エレミヤ・天地創造・楽園喪失等の写真書があります、また手帳に記したテニスンのイン・メモリアムも忘れ難きものであります、とにかく我等には永遠の希望があり、永遠の生命が約束されています。然しパウロの書いた様に、罪人の頭たる意識はかすか乍ら我胸をいたませます、然し一切を聖手に委ねまつつて感謝するのみであります。

我が家も疎開するかも知れぬ由、全く地上の幕屋は暫時であります、この復活節の時にあたり、朽ちざるものを着んことを切に求めます。

讃美歌一八〇、二六〇、二六二、二七五は私の愛誦するものです。[*7] 上よりの御平安、祝福あれ、また会う日まで―さようならです。」（昭和二十年四月七日）

「（前略）私も南方の星を望みつつ攻撃の最前線に出動、勝利と栄光の日を目指して、只管闘志を燃やしています。今は公用のため一寸こちらに帰り、長閑な春を楽しんでいます、最前線の緊張と比べて、この幸福を味える国民を、本当に祝福したい気持で一杯になりました。又近々出動しますが、大いに慎重なる態度を持して、頑張る覚悟であります、勝利の曙光がほのかに見えます、日本人の心に真の悔改めと、敬虔の念の宿る時、その時が栄光の日、感謝の日であります、不死鳥の如く焼土の中より飛び立つ様を、想像し希望に踊ります、『たとえ死の蔭の谷を歩むとも、禍害を恐れじ、汝われと共に在せばなり』であります、先生も郷土の防衛に立たれる由、御苦労であります、一切を善きに導き給う聖手に委ねまつつて、我ら言い知れぬ平安に満たされます、ヌン・テクナ・テウー・エスメンあのヨハネの確信に溢れる聖句を繰返します。では至らぬ者のためにお祈り下さい。遥かに御平安を祈ります、では生きていたらまた書きます、再た会う日まで。」（昭和二十年四月二十一日）

νῦν τέκνα θεοῦ ἐσμεν「我等いま神の子たり」、ヨハネ第一の書三章二節。日付は不明であるが、本川は玉川直重から、「是は現在事実を示す直説法である。そのすぐ後に... ἐσόμεθα (We will be) の未来形のあるのは何と嬉しきことではありませんか」という説明の言葉とともに、この聖句を送られ、玉川先生の如く、寝に就く時にこれを誦え、朝目醒むるとき、この句に新しき歓喜と能力を与えられています、と記している（『永遠の幕屋へ』六八頁）。

5　クリスチャン林市造・本川譲治の神風特攻と信仰

林市造は天真爛漫な、本川譲治は折り目正しい青年で、いずれもキリスト者としての信仰を抱いて特攻死を受け容れた。彼らは熱狂的な国粋・軍国主義者ではなく、靖国の英霊となる願いもなく、しかし、非戦論者でもなかった。

二人は、「軍人勅諭」の「只々一途に己か本分の忠節を守り義は山嶽よりも重く死は鴻毛よりも輕しと覺悟せよ」、あるいは「教育勅語」の「一旦緩急アレハ義勇公ニ奉シ以テ天壤無窮ノ皇運ヲ扶翼スヘシ」を完全に身に着けた世代の青年だった。皇国・皇道・国体などと呼ばれた天皇制は、人の「いのち」をここまで軽くした。

森岡清美は『若き特攻隊員と太平洋戦争　その手記と群像』を以下のように結んでいる。

「学徒出身特攻隊員の手記を読めば分かるように、彼らは肉親を守り、国土を守り、日本を滅亡から救うために、生還の可能性のない出撃を敢行したのである。かりにも殉国の戦死が犬死と言われるとすれば、彼らの誠実な献身を犬死たらしめた戦争指導者、陸海軍の作戦指導部への糾弾、ひいては戦争責任の追及が、犬死の指摘に続かなければならない。」

森岡は、伊東一義が敗戦から五十年を前に記した手記「雲の果ての林市造」の最後の言葉を引用して自身の著書を締めくくる。

「特攻ということは、これほど人の心を苦しめる。あってはならない戦術である。林だけではない。陸海数千人の特攻隊員がこの世界戦史にもほとんど稀な無謀な戦に斃れた。戦後五十年たっても、私はこれを許すことができない。五十回忌の祈りも、この炎を消すことができない。」(『日なり楯なり』一六二〜一六三頁)

戦死の最たるものとして特攻死を考えてきたが、最後に、これを拒否する思想について考えたい。良心的兵役拒否と徴兵忌避である。

菊池邦作は徴兵忌避の歴史を振り返り、「忌避者の心の中に一貫して流れる共通したものは、極めて自然な人間性から発した自己を守るための抵抗の精神である。それは人間が、その生命の尊厳を侵されようとするとき発生する極めて自然にして、自己に忠実な意志の表現であって、それは人間として誇るべき行為であった」と言う。[*8]村田豊明は、兵役忌避を卑怯と考える良心的兵役拒否研究を批判して、「非」良心的兵役拒否の思想の評価を訴える。[*9]佐々木陽子も良心的兵役拒否に対して、徴兵忌避を劣位に位置づける序列化の陥穽を指摘する。[*10]これらは良心的兵役拒否を否定的に見ているわけではなく、「いのち」を尊ぶ思想としてあらゆる兵役忌避を評価しようとしているのである。

翻って、林市造と本川譲治を育てたキリスト教と教会はどうであったか。

林市造は「私にとって生きることはキリスト、死ぬことは益です」(ピリピ一・二一)の信仰によって特攻死した。パウロは殉教の死を益と言ったのであるが、アサ会の信仰は市造の殉国の死を励ました。ここで殉国は殉教であり、殉国を拒否して殉教することはもとより、いのちを尊んで殉国を拒否することもなかった。

本川譲治は「私たちは今すでに神の子どもです」(Iヨハネ三・二)に喜びを抱いて国への忠誠を尽くした。

内村鑑三は、絶対非戦の立場に立ちつつ兵役につくことを認め、終末論的に非戦論者の死が平和をもたらすとし、非戦論の理論と実践を分け、「逝けよ両国の平和主義者よ、行いて他人の冒さゞる危険を冒せよ、行いて汝等の忌み嫌う所の戦争の犠牲となりて殪《たお》れよ」と説いている。[*11]

特攻を志願して生き残り、戦後は牧師として平和運動に尽くした大塩清之助は、出征兵士を見送るたびに、「この人たちが死んで自分は生きていていいのか」という思いにとらわれ、一九四三年、中学五年の秋に予科練を志願し、同時に洗礼を決心したという。牧師は、戦争を美化したり、青年たちを戦争に駆り立てたりするような説教はしなかったが、「説教や談話の中で、日本の戦争を批判されたのを聞いたことはなかった（多くの牧師がそうであったであろう……）。そこで、教会におけるイエス・キリストの十字架と復活の福音と、学校における国家主義教育とが、わたしの心の中では合理的に一つに結びついてしまったのである」と回顧している。[*12]

日本の教会は、いのちをかけて良心的に兵役を拒否することも、いのちを守るために兵役を忌避することもできなかった。また、そのようにしかクリスチャンの青年を育てることができなかった、ということを肝に銘じる責任がある。

林市造は、徴兵検査で福岡に帰ったおり、土持綱之に「おふくろが飛行機だけには乗るなよと言うのよね」と笑いながら言った（『日なり楯なり』一五三頁）。市造は元山で書いた母への手紙に、「母チャン、母チャンが私にこうせよと云はれた事に反対して、とうとうこゝまで来てしまいました。私として希望どほりで嬉しいと思いたいのですが、母ちゃんのいはれる様にした方がよかつたかなあと思ひます」と書いていた。

姉の博子は、市造の遺品が母のもとに届いた日、「柳こうりが届けられて日記を読んだ母が大学ノートを畳に投げつけて『母チャンが云わんことじゃない』と泣きくずれ、終戦の日には、気の長い穏やかな母が、決然と『大西中将には死んで頂く』と叫んだ」と記している（『ある遺書』五七～六五頁）。特攻を発令した大西瀧治郎は、敗戦の翌日、割腹自殺した。

おわりに

明治政府により統治の手段とされた天皇制国体はやがて目的化し、大日本帝国を亡ぼした。本来の目的であるべき「人」の生存権は決定的に破壊された。その悲劇の最たるものとして「特攻」を考察してきた。特攻を発令し遂行した大西瀧治郎のみならず、大西をその役に起用した軍と大日本帝国、その元首であり統帥である天皇の責任も見落とすことはできない。これをふまえ、それぞれのレベルにおける政府と教会の責任を考えた。

日本国憲法が前文において「政府の行為によつて再び戦争の惨禍が起ることのないやうにすることを決意し、（中略）全世界の国民が、ひとしく恐怖と欠乏から免かれ、平和のうちに生存する権利を有することを確認する」と謳うのは、特攻を含め、戦争責任の所在を明らかにするためである。

市造の母まつゑは、市造の特攻死を受け容れなかった。それだけでなく戦前の熱心な信仰も情熱も失い、事なかれ主義になった、と娘の博子は嘆じている。「私たちは私の母の事を美しいと思って育ったし、又尊敬していました。市造さんの死迄は真実立派な人でしたがあれから変わってしまって本当に残念です」（『ある遺書』一五六頁）。

この母に対しては、心底気の毒に思う。しかし、彼女が息子の特攻死を決して受け容れなかったことはせめてもの慰めでもある。クリスチャン林市造・本川譲治の特攻死と残した言葉は、日本の教会が心して覚えなければならないことである。

ロシアのウクライナ侵攻以来、世界は新たな戦争の時代に突入し、日本では政府与党が「敵基地攻撃能力」の保有を認めることで正式合意した（二〇二二年十二月二日）。岸田首相は二〇二七年に防衛費を現行の一・五倍、国内総生産（ＧＤＰ）の二％にするよう指示した。「兵役拒否・平和主義・エキュメニズム」の研究と実践はいよいよ切実なテーマとなっている。

注

1 草柳大蔵『特攻の思想 大西瀧治郎伝』文藝春秋、一九七二年
2 森岡清美『若き特攻隊員と太平洋戦争 その手記と群像』吉川弘文館、一九九五年（二〇一一年復刊）、五四頁
3 枝光泉「『アサ会』事件」『宣教の先駆者たち――日本バプテスト西部組合の歴史』ヨルダン社、二〇〇一年。枝光はこの事件を、「一九三〇年代の初頭にあって『一教会の独立を認め、他の誰にも干渉されない（バプテスト派の）原則』から離れていた西部組合が、ミッション依存の体質から抜け出し、自ら歩み出そうとしたときに起こった象徴的出来事であった」と評している。伊原幹治『田中遵聖とアサ会事件』（私家版、二〇一九年、以下「伊原」）は『アサ誌』を丹念に読み解き、アサ会の独自性を描き出している。
4 寺園喜基「バルト神学の根本問題」『西南学院大学神学論集』二〇一〇年三月、一〇〇頁
5 田中遵聖『主は偕にあり 田中遵聖説教集』（アメンの友、一九七七年）新教出版社復刊、二〇一九年
6 後に広島大学文学部教授（倫理学）、訳書にトゥルナイゼン『ブルームハルト』新教新書、一九六五年。『折鶴は讃美する――ある舌癌患者のあかし 広島大学文学部教授永野羊之輔先生遺稿』アメンの友、一九六七年
7 現行讃美歌一九九、二七一、二六〇、二八四番
8 菊池邦作『徴兵忌避の研究』立風書房、一九七七年、一一二頁
9 村田豊明『「非」良心的兵役拒否の思想』新泉社、一九八二年
10 佐々木陽子編著『兵役拒否』青弓社、二〇〇四年、一八八頁
11 『内村鑑三選集2』岩波書店、一九九〇年、一六五頁（「非戦論者の戦死」『聖書之研究』明治三十七年十月）
12 大塩清之助『ゆるされて生きる――戦争責任・告白の道』日本基督教団出版局、一九八九年、二一一頁

兵役から逃れるとは——国家による身体の収奪への拒否

佐々木 陽子

1 はじめに——兵役へむけての民衆のまなざしの変容

日本が近代国家へと移行し始めたばかりの一八七三（明治六）年に徴兵制がしかれた。当時、村落共同体という閉鎖社会の中で生まれ暮らし死んでいった民衆にとって、国家意識や国民意識が希薄であったため、国家は民衆にとっての災いの元（税金・兵役などによる収奪者）ととらえられた。したがって、「国のために死ぬなんてまっぴらごめん」といった思いが、当時の民衆にとって正直なところであっただろう。加藤陽子は「国家のために死ぬことは、当時の民衆には無縁の思想であったろうし、苦役はイヤだという気持ちからする忌避も当然あったろう」（『徴兵制と近代日本 一八六八—一九四五』吉川弘文館、一九九六年、五一頁）と記している。

だが、時代が下り、十五年戦争期（一九三一年の満州事変から一九四五年の敗戦まで）、ことに一九四一年からの太平洋戦争期には、「名誉の戦死」という言葉が躍り、「非国民」呼ばわりされることを恐れる同調圧力のなかで、戦死を美化するムードが充満していった。敗戦間近には、「息子二人が晴れの合祀——小松さんの喜び」と題する記事（「毎日新聞」昭和十九年四月九日）に類するものが見られた。

国家が戦争を遂行するには、敵を前にしても逃亡せず、「国家のために死ねる国民」を生み出さなければならない。軍隊は「敵を殺せ」と命じるのだから暴力装置にはちがいないが、その軍隊に忠誠を誓い、「忠君愛国」「報国」の心情を愛国心として身につけた国民をつくりださなければ、戦争は戦えない。一方では、戦時国家は軍事力を増大させるために産業界や国民生活の統制を強めながらも、他方では国民の暮らしを平準化させ、人々の格差を減らし、教育などを通じて「国民」としての意識を高めなければならない。健康な国民づくりに「貢献」したと映る厚生省や母子手帳も、戦時下に生まれたものである。一見国民の福祉面への配慮があったかに見えるこうした政策も、国民を戦時の人的資源とみなす視点が生み出したものと言うことができるだろう。

戦争になれば、自分の身体は自分自身のものではなくなり、兵役から逃れようとする者は犯罪者となる。戦死すれば、「英霊だ」「軍神だ」と靖国に祀られたが、そうした美辞は戦死者がどのような思いを抱いて死んでいったかを覆い隠す。「一億玉砕」というスローガンに国民をからめとり、戦争に勝利するために命をかけることを「正義」とみなす国民を作り出すことに、十五年戦争期には国家が成功したように見える。ここでは、兵役をめぐる個人と国家の関わりに着目する。

二〇二二年二月、ロシアのウクライナ侵攻で始まった戦争で、深刻な兵力不足に陥ったロシアでは、同年九月、「予備役招集を柱とした部分的な動員令が発動」され、その招集対象は過去に軍隊任務の経験のある予備役が中心で、「今回の措置は従軍経験のない若者らには及ばない点を強調した」と報道された。だが、現状はこれとは異なり、「プーチン政権が国内企業に圧力をかけて兵士をかき集めているとの話も漏れ始め」、同政権は国民の反発を危惧し、「総動員令」を回避しているとされた。アメリカのシンクタンクの見方として、「雇い兵などによる非正規部隊への『依存を急速に強めている』」と記されている（「毎日新聞」二〇二二年九月二十二日）。「部分的な動員」とはいえ、招集を逃れようとして隣国へと逃げ出す人々が道路に満ちあふれた光景が放映された。それよりも早い同年四月には、「露軍の精鋭空挺団の隊員の間に次々と辞表を出す動きがあり、動員を回避するため兵士の自傷行為が横行している」（「読売新聞」二〇二二年四月十二日など）と報道された。国外への逃亡や自傷行為による今日のロシアでの徴兵逃れは、戦前の日本で横行した徴兵逃れの手法に似ている。徴兵逃れは、国境を越え時代を超えて見られるという意味で、戦争があるかぎり今日的問題であり続けるだろう。

本稿では、「兵役拒否」を「良心的兵役拒否」と「徴兵逃れ」を含む広義の概念としてとらえ、さらに「良心的兵役拒否」の良心には宗教的なものと非宗教的なものが含まれるとする。「徴兵逃れ」は、論者により「徴兵忌避」「兵役逃れ」の用語が使われているが、これらは同義とみなす。ここでは「徴兵逃れ」を用いることにする。日本を中心にしながらも一部だがアメリカとの比較を通じて、日本の兵役をめぐる変容に映し出される国家と民衆の関係に光をあて、兵役が国家による国民の身体の領有であり収奪であるとの視点に着目する。

2　徴兵逃れが当たり前だった日本

今日も徴兵制が厳格に行われている国の一つに、韓国が数えられる。韓国男性は満十八歳になると徴兵検査対象者となり、原則として十八～二十二か月（外務省大韓民国基礎データ https://www.mofa.go.jp/mofaj/area/korea/data.html#section3　二〇二二年十一月二日アクセス）の兵役に従事することが義務づけられている。徴兵の負担が大きいからこそ、「国民一人一人が公平にその負担を分かち合うことが大切だ」との声が後述の新聞記事に紹介されている。遅くとも二十八歳までの入隊が義務づけられているが、その制限を二年延長し三十歳までの入隊を容認する特別枠が存在し、学問や体育分野で特別優秀な成績を収めた者に限定し容認されてきた。だが、外貨の獲得に欠かすことのできない大衆文化のK―POP市場を担う芸能人などにも、国益の観点から入隊を三十歳までに延長を認める兵役法の改正（いわゆる「BTS法」）が二〇二〇年に行われた（「毎日新聞」二〇二二年七月七日）。

その韓国で二十年ほど前に、プロ野球選手や芸能人による尿検査での薬物を用いての徴兵逃れが発覚し、相次いで摘発されたとの報道がなされた。尿検査での腎臓疾患を装う上記の徴兵逃れのほかに、精神疾患の診断書を医師に頼んでの偽造、自傷行為、国外移民などのケースがあると記されていた（「朝日新聞」二〇〇四年十月十一日）。当時は今日よりも兵役義務の期間が長く、二十四か月（陸軍）から二十八か月（空軍）にも及んでいた。芸能人やスポーツ選手にとって、兵役による長期の空白期間をつくることが命取りとなることは容易に想像できるだろう。だが、作為的な徴兵逃れに対し「不公平」との国民の批判の声は大きく、徴兵逃れが摘発された韓国のプロ野球界では、観客数の激減が生じた（「朝日新聞」二〇〇四年九月二十六日）。

こうした徴兵逃れの手法がかつて日本でも横行し、いかに徴兵逃れの抜け道をふさいでいくかが、国家にとって重要課題であった。日本で徴兵逃れが横行したのは、逃れる道が以下に示すように、多様に開かれていたからである。つまり、富裕層は金で逃れることができ、イエの跡取りもまた兵役免除された。戸籍を操ることで兵役免除の道は容易に開くことができたわけである。阿部知二は、家を保つための免除規定を民衆が利用して、「『戸主』になるために分家や他家に入籍するとか、絶家廃家を再興するとか、（中略）『養子』になるということもあり、これは『徴兵養子』ということばが生まれたほどだったから、数も多かったにちがいない」と指摘している。さらに彫刻家の高村光雲の例をあげ、徴兵にとられることで「技術の進歩がおくれるという師匠の心配から、師匠の姉の養子になることで徴兵をのがれた」と記している（『良心的兵役拒否の思想』岩波書店、一九六九年、六八頁）。

このような多くの免除規定の容認により、「免除条項を活用しての

日本における兵役免除規定（1873 年の徴兵令施行当時）

1　体格不良者〜身の丈 5 尺 1 寸未満者（約 154.5 センチ未満）・病弱者
2　陸海軍学校生徒
3　官吏および官立学校生徒および洋行修行者
4　戸主・相続者・家の継承者
5　犯罪者
6　代人料 270 円上納者

など

（出典＝大濱徹也編『兵士』11-12 頁の要約に依拠、カッコ内は筆者が加筆）

徴兵忌避問題が軍隊建設の上に大きな障害となってきた」、「東京府下では養子縁組の周旋屋が大繁盛したという。（中略）軍隊の充実をはかる上からもきわめてゆゆしき事態」と認識された（大濱徹也編『兵士』〈近代民衆の記録8〉新人物往来社、一九七八年、一三、一六頁）。また「自傷行為があとを絶たず」といった徴兵逃れが横行したとの記事も見いだせる。なかには、「徴兵嫌がる若者五人、陰部に漆を塗って検査で性病装ったが、バレる」（「読売新聞」一八七六年三月二十八日）が示すように、性病を偽装した事例もあった。徴兵逃れの多様な事例が一九七二年九月号の『潮』の特集「一〇〇人の証言」に登場するが、以下はその一部である。自傷行為（銃が使用できないように指などの切断や脚の捻挫や骨折など）、死亡診断書を偽造し戸籍から抹殺、絶食と下剤を使って身体を衰弱・虚弱化、精神異常の偽装、また徴兵検査に合格し入営が決まっても入営日まで絶食・朝酒し四〇キロ以下に体重を落とし営門まで駈足し整列させられたら太陽光線をにらみバッタリ倒れ医務室送りで即日帰郷決定など。

徴兵逃れの方法を書き記した右の図のような教本が公然と売られていた時代もあった。

（図版出典＝稲葉永孝訓解『徴兵免役心得』尾寄直三郎 出版、一八七九年、加藤陽子「史料紹介『徴兵免役心得』」〈『歴史と地理』五三五号、二〇〇〇年、四〇～四六頁〉など）

3　軍国主義の浸透——徴兵逃れの道の途絶

民衆の大半が農民だった前近代において、民衆の身体は、軍隊が要求する身体とはかけ離れていた。つまり、猫背で直立不動が苦手のうえ、農作業では鍬を持った右手と右足がそろう動作がしみ込んだ身体では、こうした身体性とかけ離れた逆の軍隊行進はできない。また、農村には朝昼晩は存在しても、時計による何時何分は存在しなかったため、時刻に合わせた行動管理ができなかった。時間を守らせ、行動を規定する「兵士的身体」を身につけさせる必要に国家は迫られた。このように、農作業でしみ込んだ民衆の身体を兵士的なる身体に改造させなければ、即戦力になる国民兵は生み出せない。精神においても愛国心をあおり、軍国主義を体得した国民を生み出す教育が必要となった。身体のみならず、精神においても「報国」「忠君愛国」を内面化した国民を作り出すことが、戦争の遂行には要請された。

徴兵逃れが横行したが、徴兵を逃れる道は塞がれていく。富者にとっての徴兵逃れの手段であった二七〇円の代人料の支払いによる免除規定は一八八三（明治十六）年に廃止され、続いて一八八九（明治二十二）年の大改正によって、戸主をはじめとする家の跡継ぎ等の特別扱いの規定も全廃される。「徴兵忌避者及び其の疑いのある者」の数が減っていったことが、陸軍省のデータから明らかである（佐々木陽子編著『兵役拒否』青弓社、二〇〇四年、一七一～一七三頁）。後述するように、十五年戦争下でも実施されていたクジ引き制度も一九三九年に廃止され、根こそぎ動員と呼ばれる状態へと徐々に滑り出すことになった。

国家のために自己の生命を差し出すことを当然視する軍国主義の潮流が、十五年戦争期には教育を通じて国民に内面化され、「一億玉砕」が叫ばれだす。敗戦間近には、男女を問わず中等学校生徒は勤労動員の対象となり、生徒たちは軍需工場や農地の開墾などの土木工事へと駆り出された。一九四五年の敗戦間近の五月には、学校教育機能は完全停止し、生徒の労働力は戦時国家に収奪されていった。戦局の悪化につれ、総動員体制が叫ばれ出す。

かつて徴兵逃れ祈願を共同で行っていた共同体の連帯にひびが入り、国家の論理が地域社会に入り込む。「死ぬのは嫌だ」との心の奥底の叫びは、いつしか「死んで参ります」という意味合いを潜めた「行って参ります」が、入営の際の挨拶言葉になっていった。戦死公報が新聞にあふれるなか、大東亜の「人柱」・桜の花の散るの

戦争習俗に見る民衆の思い

かげ膳～戦地へと向かった夫や息子の無事を願っても、無事であるかどうかは確かめようがない。無事でいてほしいとの願いを込めて、当時最も貴重であった食べ物を床の間に用意したり、あるいは自分たちの食卓にご飯を供えたりする習俗行為を「かげ膳」という。「かげ膳」は、地域によって戦時の「流行習俗」となった。茶碗に温かいご飯をもってふたをすれば、ふたに湯気がつき水滴になるのは当たり前ながら、その水滴を確認することで、戦地にいる不在の夫や息子が生きていると思いこんだとの話を、筆者が実施した聞き取り調査で耳にした。調査回答者のなかに、水滴がつくことを「汗をかく」と表現する人もいた。この習俗は非科学的と言えるが、こうした戦時の習俗行為によって戦地に向かった家族が今日も無事であることを信じることで、留守をまもっていた家人は、今日を生きる力の一端を受容したのであろう（佐々木陽子『老いと死をめぐる現代の習俗――棄老・ぽっくり信仰・お供え・墓参り』勁草書房、2021 年、5、161 頁）。

徴兵逃れ祈願～徴兵制をめぐる民衆の反応を民俗学的視点から着目したものに、喜多村理子（「徴兵逃れ祈願」1996 年〔民族と歴史の会編『民族と歴史』27 号、24-28 頁〕、『徴兵・戦争と民衆』吉川弘文館、1999 年）がある。地方の村落で行われていた「徴兵逃れ祈願」（徴兵検査で合格した者すべてが兵役につくのではなく、その後クジ引きによって現役兵が決められたため、ムラの若者がクジに落ちて召集を逃れられるようにと、村人たちが秘密裡に祈る習俗）を取り上げ、表向きは「武運長久」を祈願していると見せかけながら、「武運長久祈願」に隠された民衆意識の実相としての「徴兵逃れ祈願」を読み解いている。戦局の悪化とともに徴兵率は飛躍的に増大し、ムラの中に若者がいること自体不審がられ、また「兵士の家族とそうでない家族がムラという狭い空間でともに居住しなければならない事情が、前者には不公平感を、後者には負い目の意識をもたらし『徴兵逃れ』という願いがムラの中で共有されなくなったのである」（『徴兵・戦争と民衆』184 頁）。喜多村は、「徴兵のがれ祈願」に潜んでいた民衆の「厭戦感情」（兵役が名誉からほど遠い災難であり、災難は払わねばならないとの思い）を照らしだす。だが、やがて民衆は戦争協力に呑み込まれ、「徴兵逃れ祈願」という民間信仰も消滅していく。このクジ引きは、1939 年の兵役法改正で廃止されるまで 67 年間続いた。原田敬一によると、「廃止の理由は、日中戦争による徴兵拡大であった」とされている（『国民軍の神話――兵士になるということ』吉川弘文館、2001 年、34 頁）。

にたとえた「散華《さんげ》」といった言葉がきかれ、個別のはずの戦死者は「護国の英霊」にひとまとめにされていった。

関東・東海地方の元高等女学校の生徒への筆者の行った聞き取り調査における、「私たちは死を美化する教育を受けた。いま思えば、絶対にあってはならないことなのに」との元女学生の語りが思い出される。戦時下の女学生たちは兵士の送迎に駆り出され、「出陣する兵を万歳三唱し旗を振って駅などに見送る行事だけではなく、『遺骨出迎え』として死者となった兵士を出迎える儀式にも参加することがあったことは、多くの学校誌（高等学校などが発行する記念誌）に見いだせる。歌を歌い万歳三唱して旗を振って見送った『生』が沈黙した『死＝遺骨』として戻ってくるという落差を、女学生たちはどう受け止めたのだろうか」（佐々木陽子『戦時下女学生の軍事教練——女子通信手と「身体の兵士化」』青弓社、二〇二二年、二四二～二四三頁）。

4 徴兵逃れを含む兵役拒否が投げかける問題

(1) 戦死者は誰のものか

日本とアメリカの兵士の教育や死生観の違いが、河野仁の著書のタイトル『〈玉砕〉の軍隊、〈生還〉の軍隊——日米兵士が見た太平洋戦争』（講談社、二〇〇一年）にいみじくも表出している。「『生き延びるために戦う』米軍兵士たちにとって、『死ぬために戦う』かのように見える日本軍の『玉砕の思想』は、合理的な説明によっては理解不能な一種の『狂信的な信仰』としか思えなかった」（二四五頁）。米兵たちにとって日本軍の「玉砕」のみならず、「特攻」や「捕虜になるくらいなら死ねとの教育」も理解不可能だっただろう。

日本における戦死の実相を明らかにしているのが、藤原彰の著書『餓死《うえじに》した英霊たち』（青木書店、二〇〇一年）であり、戦死者といってもひとくくりにはできない。「戦死」と聞くと、銃撃や爆撃による即死を連想しがちだが、そうした単純化は戦病死や戦傷死のあり様を背後に追いやってしまう。藤原が明らかにしたように、日本軍の戦死にはいかに餓死が多かったか、あるいは兵站をないがしろにした犠牲死だったかを直視したとき、遺族はやりきれない思いを抱くだろう。そうした思いを緩和させる装置としての靖国の存在を、岩田重則の言う多重祭祀を通じて以下では取り上げる。

民俗学者の岩田重則は、一人の特攻隊員の死がどのように祀られていったかを追って、本来だったら家族などによる一回で終わる死者供養が、戦争遂行イデオロギーによって戦時の顕彰対象とされ、従来とは異なる弔い方をされたことに着目している。この特攻隊員として戦死した青年は、家族などによる弔いの後、ムラの共同墓地に祀られ、次に地元の遺族会や郷友会により弔われ、最終的には靖国神社で祀られるなど、幾重にも祀られている。こうしたあり様を、岩田は「多重祭祀」と呼ぶ。岩田は、通常であれば死者は個人を対象とするはずだが、靖国神社には二百数十万以上の死者が合祀され、戦死者は祭神として抽象化されている。そして、その数が拡大すればするほど、個々の壮絶な戦死は抹消されることを指摘する。岩田の指摘にあるように、靖国に回収されることによって、個別の死者は個々の名前を欠落させ、「英霊」「祭神」「軍神」という抽象的存在に融合させられる。岩田は、こうした靖国への戦死者の回収の不自然さを取り上げ、多重祭祀の孕む問題を指摘する(『戦死者霊魂のゆくえ——戦争と民俗』吉川弘文館、二〇〇三年、「戦死者多重祭祀論」(『現代思想』33(9)、二〇〇五年、一三八～一四七頁))。

靖国は国家による戦死者の統合の装置であり、「息子や夫の死は犬死ではない」「尊い命を大義のために投げ出した」と信じることで、死に大義を付与されて救われたような気持ちを抱いた戦死者遺族もいただろう。戦死を意義づけ、「死にがい」を付与する「靖国の誘惑」は、戦死者を抱え込んだ遺族の心をとらえたとしても不思議ではない。遺族が「戦死者の死の意味」を自問したとき、戦死した情愛の対象の死が、「英霊」に回収されることで、その死が崇高化されたように思うかもしれない。しかし、それは同時に前述したような戦死者の個のあり様を覆い隠すことになり、個別のはずの死者がその個性を奪われ合祀されることで抽象化されることは、岩田の

戦時ポスターが送るメッセージ「男なら兵士であるべし」

図1　1917年
〈アメリカ〉

図2　第一次世界大戦
〈アイルランド〉

図3　1939年
〈日本〉

図1「志願せよ！　君は窓のどちら側に立つのだ！」
図2「アイルランドの栄光のために！　あなたは戦場へ行く気があるの、私が行かないといけないの」
図3「感謝で守れ勇士の遺族」
出典＝Paret, Peter et al. *Persuasive Images : Posters of War and Revolution from the Hoover Institution Archives*, Princeton, NJ: Princeton University, 1992, p. 56. マックス・ギャロ著、坂部治三訳『世界のポスター――その歴史と物語』講談社、1975年、188頁。岐阜市歴史博物館編『戦時下のポスター』〔館蔵品図録〕岐阜市歴史博物館、1998年、13頁。

ポスターの発するメッセージは高圧的に発信されるものではなく、ポスターを目にする民衆の心の琴線に触れ、情緒的なるものをくすぐる働きをもつものが望まれるだろう。兵士となるべき男性性を呼び出し、「前線は男性、銃後は女性」と割り振ることを前提としたポスターを、ここでは3点取り上げる。

図1は、志願しないで家にこもる男性と志願して兵士として行進している男性を対比させ、「兵役から逃れ卑怯な男になるな」とのメッセージを送っていることが読み取れるだろう。図2は、「戦争に男のあなたが行かないなら、女の私が行くのか」と男らしさを示せと女が男に迫っている。図3は、戦死者遺族の女と子どもを戦争の犠牲者とくくり、背景に男性が勇敢な兵士像として描き出されている。

なお、女性を戦争の被害者・犠牲者にくくるだけではなく、女性の戦時の加害性にも目が向けられている。たとえば、国防婦人会の女性たちの翼賛活動に着目し、女たちが男たちの背を押して戦場へと誘うあり様に、女たちの加害性を見て取った『女たちの〈銃後〉』の著者である加納実紀代などの研究があげられる。かっぽう着にたすき掛けをして、少しでも戦時下において社会貢献しようとした一般の主婦たちのあり様を、被害だけでなく加害の側面からも照らし出している。

指摘にあるように、個別のはずの死者の存在を「英霊」にひとくくりにしてしまう「死者への冒瀆」「死者への暴力」ともとらえることができるだろう。国家が兵士を召集し、兵士が死ぬと、その死を再び靖国を通じて国家が回収するシステムへ疑問を投げかけたい。つまり「戦死者は誰のものか」との問いは、靖国の存在の根底を揺るがす問いに連結するであろう。

(2) 徴兵逃れと良心的兵役拒否を繋ぐ視点

本稿では、徴兵逃れも良心的兵役拒否も、「軍隊嫌い」「暴力嫌い」「生命をいとおしむ」といった点で共振しているととらえ、序で示したように、徴兵逃れと良心的兵役拒否の両者を含む概念として「兵役拒否」をとらえる。良心的兵役拒否が確固たる思想や信仰に依拠したものであるのに対し、徴兵逃れは自己の生命を惜しみ利己的に徴兵を逃れようとしたにすぎないと見ると、前者に対する後者の劣位を前提にしてしまい、そこに序列化が生じるからである。思想も信仰も「転向」の可能性を背負い込んでいる。人間の弱さや迷いは、人間の一部であるととらえたい。

日本にとっての徴兵逃れを過去の問題として切り捨てられないとの考え方として、次のような視角が提示されている。「『人を殺したり人に殺されたりする』ために一個の人間が国家に雇われることは、個人の人格における人間性の権利とおよそ調和しない側面ももつ。ここに国家と個人の間の緊張関係の最たる事例として、徴兵忌避という問題がクローズアップされる理由がある」と(加藤陽子「反戦思想と徴兵忌避思想の系譜」〔青木保ほか編『戦争と軍隊』岩波書店、一九九九年、一三四頁〕)。国民の生命を保証することを国家存立の原点とみる国家観からすれば、戦場においては自己の生命をも国家に委ねるという「死への動員」は、国民の生命を保証するはずの国家原理に矛盾し、国家と個人の緊張関係を突きつけてくる。だが、戦局の悪化とともに、「いかに国家のために死ねる国民を創出するか」が、戦時日本の関心事となり、十五年戦争期には、最も大切なはずの自己の生命に未練がないことを、少なくとも外見上は表明する圧力が加わる。

徴兵逃れを含む兵役拒否が反軍国主義の立場に立っているととらえ、これらが背負い込んでいる困難を、フリーライダーの問題から考えたい。徴兵制のもとでの「国民である以上、兵役はすべての国民が担わねばならない義務」との考えは、配分の正義に即して真っ当な主張に思われるだろう。したがって兵役拒否は、こうした義務から逃れるフリーライダーの指弾を受けることもある。たとえば、労働組合が労働者の権利を目的として闘う場合、その闘争の成果として得られた労働者の権利なり利益なりを、闘った組合員とともに非組合員が等しく享受するならば、非組合員をフリーライダーと名指すことは考えられよう。しかし、究極的には「死への動員」に行き着く兵役義務によって得られる利益とはいったい何であろうか。その実態を冷徹に見極める営為なくして兵役拒否をフリーライダーと指弾することには躊躇を禁じ得ない。「国民を守るのは国家の使命」、これは国家が戦争を始めるにあたっての常套句であり、侵略戦争の正当化は常に国民の愛国心や正義感に訴えての美辞麗句に包まれる。はたして正義の戦争と不正義の戦争の区別は可能なのだろうか。仮に区別が可能だとして、その戦争が実質的な侵略を目的とした不正義の戦争である場合、戦争に加担しないことにむしろ正義が宿ることになる。

5　アメリカの兵役拒否との比較を通して見る日本の特色

日本については軍隊そのものを否定する憲法をもつことによって、戦後、兵役拒否をめぐる一連の問題群は浮上しないことになった。本節では、アメリカの兵役拒否との比較を通じて、日本の特徴をつかむことをねらいとする。

アメリカの良心的兵役拒否の歴史は建国時にさかのぼり、絶対平和主義の立場を表明してきたクェーカーをはじめきわめて少数の宗派に、代人料支払いや代替業務に就くことを条件に、「恩恵」として兵役免除が認められてきた。地方分権へのこだわり、徴兵によらず志願による軍隊を志向する伝統のあるアメリカにおいて、連邦政府主体での徴兵による軍隊の組織化が本格的に行われるのは、一九一七年の第一次世界大戦参戦時である。だが、この時に出された選抜徴兵法は、代人料支払いによる免除を廃止したものの、歴史的に絶対平和主義を表明してきた従来どおりの特定の宗派の信徒にのみ限定して兵役免除を認めている。

第二次世界大戦時において、第一次世界大戦時の良心的兵役拒否容認の要件が基本的に受け継がれたものの、兵役拒否容認の寛容度が増す。日米開戦前の一九四〇年に制定された選抜訓練徴兵法では、絶対平和主義の立場をとってきた特定の宗派のみに兵役免除を認める従来の路線が転換され、宗派を問わず「宗教的教育および信念を理由」とする者に兵役拒否の権利が拡大された。兵役拒否容認の拡大とはいうものの、「宗教」の枠は堅持されたゆえに「量的拡大」にとどまる。宗教上の良心に基づく兵役拒否のみを容認する理由として、阿部知二は次のように解説する。「そもそも宗教の本質とは『神と人間』との関係を信ずることであり、『人間と人間』との関係から生ずる義務よりも高次の義務がそこに含まれていることがしめされている」(『良心的兵役拒否の思想』一二九頁)。

兵役免除規定における「宗教上の理由」の優越は、良心を宗教コードで語らなければ兵役免除が認められないことを意味し、「良心は語れるのか」という難問を突きつけてくる。拒否理由が「宗教的」なものであるかぎりは容認され、政治的・社会的・哲学的・個人の単なる道徳律に関する場合は容認されない。また、宗教上の理由を容認するといっても、戦争の良し悪しを選択したうえでの兵役拒否は認められないという路線が、アメリカでは第二次世界大戦後も貫かれた。

第二次世界大戦を「ファシズム対民主主義」の戦いに単純化すれば、アメリカは常に後者の側に立ち、「義戦」を戦ったとされた。それゆえ戦勝国アメリカは戦前と戦後の体制の連続により、兵役拒否をめぐり大きな変更を要請されなかった。「質的転換」は一九七〇年前後に遅れてやってくる。第二次世界大戦後のアメリカの良心的兵役拒否の変革は、拒否理由として厳格に規定されてきた「宗教上の理由」をめぐる司法の場での攻防に見て取れる。「非宗教的信念」による兵役拒否を否定する徴兵法の合憲性が問われ、裁判で争われる。これに対して連邦最高裁判所は、「宗教の意味を拡大解釈」し（笹川紀勝「良心的兵役拒否——その実態をめぐって」『法律時報』51(6)、一九七九年、一二〇頁）、「非宗教的信念」による兵役拒否をも権利として認めることで憲法判断を回避する（一九六五年の合衆国対シーガー事件判決、一九七〇年のウェルシュ対合衆国事件判決など）。

鈴木正彦はこうした一連の裁判を論考で扱っている。シーガーは、最高存在としての神を信じる有神論者のみに兵役拒否の資格を与えるのは、「信仰の自由」などの憲法条項に違反すると主張したが、最高裁は、本人の信条が「宗教たる役割を演じ、宗教として位置づけうるか否かを決定するのは本人である、という法理を採用し、憲法判断を下すことなく、事実上『非宗教的』な平和主義へも兵役免除を開くこと」にした。だが、あくまでも「選択的兵役拒否に対する兵役免除については厳然たる立場をつらぬいている」（「良心的兵役拒否論に見るリベラルデモクラシーの規範——平和的生存権論との関連で」『政治思想研究』二〇〇七年五月号／第七号、三〇一頁）。つまり、「あの戦争」「この戦争」により、兵役拒否を判断する選択的兵役拒否は容認されなかった。

このように兵役拒否は、非宗教的信念による拒否者にも拡大することになったが、「いかなる形の戦争への参加も拒否する」のではなく、ベトナム戦争が鋭く問いかけた「汚れた戦争」に限定して兵役を拒否するといった「選択的兵役拒否」は、連邦最高裁判決で明確に否定されている（一九七一年のジレット対合衆国事件判決）。ジレットは、なぜ特定の戦争に反対する者に兵役拒否が認められないのかを裁判により問いかけたが、その言い分は否定された。ジレットを支持した判事は一名のみで、この判事は、「戦争の正義・不正義を決定するという課題が国家のみならず、市民個々人にも委ねられていることを明言している」（鈴木正彦、前掲、三〇一～三〇二頁）。連邦最高裁の判決は「宗教」の外延を拡大することによって、実質的には個人的道徳など世俗的信条に依拠した兵役拒否にも寛容な対応を容認したことになる。一九七〇年前後がアメリカの良心的兵役拒否の分岐点になったのは、ベトナム戦争の反対運動をはじめとする平和を希求する動きや、国家の名のもとに行われる戦争が正義の戦争とは言えない事態に直面したためであると言えるだろう。

日本においては、異端とされてきた灯台社（エホバの証人）の信者は上官への武器返上など抵抗を貫くが、法廷で発したとされる主宰者である明石順三の「一億対五人の闘い」（稲垣真美『良心的兵役拒否の潮流――日本と世界の非戦の系譜』社会批評社、二〇〇二年、六七頁）との表現は、決して大げさではなかった。アメリカと日本の兵役拒否で断絶しているのは、日本では良心的兵役拒否が圧倒的に少数で、戸籍改竄・逃亡・失踪・身体毀損などによる徴兵逃れが多かったことがあげられる。

大江志乃夫は具体的に次のように記している。一八八一（明治十四）年、大山巌陸軍卿は徴兵逃れの多さを、長崎市長崎区の例をあげ、「全区中一人として徴集に応ずる者なしと云えり」と嘆いている（『徴兵制』岩波書店、一九八一年、六八頁）。国民を徴兵に駆り出すことは、当時の日本にとって至難の業であり、「徴兵は逃れるべし」が当たり前の民衆感情であった。だが時代が下るにつれ、徴兵逃れの抜け穴は塞がれていく。ドイツと同様に、戦後の日本が民主主義国家として新たなスタートを切るには、戦前の軍国主義、全体主義体制を一八〇度転換させることが不可欠であった。兵役拒否者をどう扱うかは、人民抑圧装置、軍国主義の温床とされた軍隊をどう改革するかに連動する重要課題であったはずだが、軍隊の全面解体、憲法の戦争放棄条項によって、徴兵制は存在基盤そのものを消滅させ、兵役拒否を個人の「権利」として認めるかどうかは戦後日本において問題を構成しなくなる。もちろん日本が平和憲法から得た恩恵は計り知れない。

最上敏樹は「憲法の安全保障構想は、徹底した自己抑制の原理に立ち、暴力の蔓延する世界であるからこそ自らは決して暴力を用いないとするものだった」、つまり「非戦型安全保障構想を根本原則とした点において、日本国憲法は国連憲章を超えていたということである」と記している（「良心的兵役拒否国の証しのために――ポスト冷戦の安全保障の礎石を求めて」〔『世界』五四七号、一九九〇年、三一～三二頁〕）。けれども今日、日本の自衛隊の戦力は世界有数の域に達していることは知られている。日本は戦争放棄条項を通じて、あらゆる兵役拒否問題を無化する軍隊の解体で戦後をスタートさせた。しかし、過去の侵略行為・非人道的行為を内省し議論を尽くした後にたどり着くはずだった「戦争放棄」という崇高な理念に至る道を、日本はたどったかと問われたら、どう応答することができるだろうか。

おわりに

最後に、以下の二点を確認したい。

第一に、徴兵逃れをめぐる個人と国家の葛藤を孕む関係に着目する。戦時国家は国民の身体を領有し収奪し、国民の身体を戦争遂行の「資源」とみなす。国家が始めた戦争に国民が生命をもさしだすことを当然とする国家側のロジックは、「私の身体は私のもの」とのとらえ方を崩していく。つまり「この身体」「この生命」は、最終的には戦争の勝利に向けて「一億玉砕」にからめとられ、民衆の本音としての「死にたくない」といった感情は公に逆らう「私情」や「エゴ」とみなされる。軍国主義の同調圧力の増すなかで、こうした潮流に逆らうことの困難が想像される。戦死者を前にしたとき、戦時の徴兵逃れは、自己の生命にどこまでも執着する「エゴ」の現れとみなされた。だが、この自己の生命を慈しむという「エゴ」こそが、実は戦時国家がそぎ落としたかった心性にほかならなかっただろう。「死にたくない」との叫びは、いわば人間の原初的感情の表出であり、このむきだしの感情は戦時国家に対する「反国家的エゴ」ととらえられよう。欲望にからられ、制御づけられない人間こそが、戦時国家にとっての戦争遂行の妨げとなる「内なる敵」であるからである。

戦争に勝利するためには軍事的なるものを優先させ、また、戦争の勝利に向けて内発的に動く国民が要請される。戦死者を英霊に、忌避者を非国民に、つまり両者をコインの表裏の関係でとらえる戦時国家日本のロジックは、「何ゆえにあれほどまでに生命がないがしろにされねばならなかったのか」との問いを前に、どんな応答ができるだろう。この問いを戦時国家日本に向けることは、「兵役は、誰もが担いたくはない負の財だからこそ平等分配すべし」との正義論めいた主張が依拠している国家の個人に対する優越の前提そのものを切り崩す契機を孕んでいる。国家が「公」を僭称して国民の生命の過剰な提供を強いた特攻隊の例を考えれば、公に私を埋没させられた彼らの死の不条理が想起される。だが、戦死者を英霊として神格化させることで思考停止すれば、過剰な死を強いた国家の不条理に向けての告発は回避される。戦死者を崇高な高みに位置づけ、徴兵逃れをした者に向けての義憤をあらわにすることは、「国家のために死ねる国民をつくる」という戦時国家の国民化プロジェクトの成功を意味したといえよう。そこでは「何ゆえにあれほどまでに国民の生命がないがしろにされたのか」との国家への指弾は封印されてしまう。自己の生命を慈しむという人間的感情を原点にした徴兵逃れは、自己の生命までをも国家に委託した覚えはないとの意思表示のはずである。

「玉砕」という語に凝縮している当時の国家が強要した死生観から最も遠くに位置していたのが、自らの生命を犠牲にすることを拒否し、あくまでの己の命を慈しみ執着した徴兵逃れだっただろう。この視角に立てば、徴兵逃れを行ったエゴまるだしの行為者は、戦時国家のもっとも恐れる国民像、すなわち国家が始めた戦争から抜けることを行動で宣言した人間であり、その行為の意味するところは、国家への「抵抗」の一形態として位置づけられるだろう。戦時日本においては、国家のために生命を投げ出すことを強いる死生観が力をもつなかで、自己の生命に執着するエゴまるだしの徴兵逃れという行動は、本人の自覚・無自覚に関わらず、「反体制」「抵抗」の一形態であっただろう。

第二に、日本においては徴兵逃れが存在したが、欧米に見られる絶対平和主義者と自己規定するキリスト教徒などの良心的兵役拒否が圧倒的に少なかったため、日本の形態は西欧の「欠如態」とみなされがちで、日本の非戦・反戦思想に目が向けられてこなかったというきらいがある。逆に、欧米では良心的兵役拒否の「伝統」にあまりに光があてられるため、ベトナム戦争時の脱走・逃亡・失踪といった懲役逃れを大量に出しながら、良心的兵役拒否の影に沈んでしまうきらいがある。カナダをはじめ徴兵逃れのルートが生み出され、若者がアメリカから逃走したニュースが報道された。「米国からカナダへ自由も求める『地下列車』、徴兵忌避ルートを見る――おおっぴろに数千人、同情示すトロント市民」（「朝日新聞」一九六八年三月二十五日）、「法より良心に従う――徴兵忌避、検挙、年三千人越す？」（同紙、一九六九年九月二十六日）など、こうした記事の見出しは、いかにアメリカで徴兵逃れを必死な思いで行った若者がいたかを語っており、徴兵逃れがアメリカにおいても大きなうねりとなった。良心的兵役拒否を支えていた内面の信仰や思想を、徴兵逃れは欠落させていたとはいうものの、良心的兵役拒否も徴兵逃れも共にそれぞれ弱さを孕んだ「人間」であることの意味を問い続けたい。

「死にたくない」との感情的な動機づけによる徴兵逃れを、「殺すべきではない」との信念や信仰に依拠した良心的兵役拒否に対し、劣位に位置づける序列化の問題を問いかけたい。この陥穽にはまることによって、これら宗派の「超俗性」「非政治性」ゆえに、「プロテスタントの良心と自由主義的国家の調節は比較的容易」であったと見るマイケル・ウォルツァーの洞察を見逃してしまう危険が生じる。信仰に依拠した良心的兵役拒否は、その拒否の普遍性が担保される。つまり、「この戦争では武器をもつことに反対し、別の戦争では反対しないかもしれないということを（今日のように）心配する必要もなかった」（『義務に関する11の試論――不服従、戦争、市民性』而立書房、一九九三年、一六八～一七〇頁）。端的に言えば、これら良心的兵役拒否の存在は、その非政治性ゆえに、また絶対的少数派ゆえに、体制にとって脅威とはならず、いわば「体制内抵抗者」であったということだろう。こうした見解に依拠すれば、日本に多く見られた徴兵逃れが、国家にとっては、危険な存在であったかもしれないとの逆転の視角が見えてくる。兵役をずるけることの極限形態としての失踪や逃亡といった徴兵逃れは、体制からの逸脱を志向するという意味で、体制側にとっては脅威と映ろう。

筆者は、埼玉県の秩父地方で徴兵逃れ祈願をめぐる聞き取り調査を、かつて実施したことがある。調査協力者のAさんは長身であったので、「徴兵検査でAさんは甲種合格でしたでしょうね〜」と尋ねたら、「私は一七〇センチ以上で長身だったが、胸板が厚くなかったので、乙1種合格だった」と言われた。軍に召集される前日、母親が風呂場に入って来て、黙ってAさんの背中を流してくれたとのこと。秩父鉄道の列車の最後尾のデッキから故郷を眺め、いよいよ故郷を離れるのだと思いが込み上げてきたと話された。兵役とはまさしく個人の身体がもはや個人の自由にはならず、国家に領有され収奪されていくことなのだとの感慨を、Aさんの語りから抱いたことを思い出す。


〈初出〉本稿は以下のものに加筆・修正を加えている。

編著、『兵役拒否』青弓社、二〇〇四年。

「日本における徴兵忌避を問うことの今日的意義」『年報社会学論集』17、二〇〇四年、三六〜四七頁。

「『兵役拒否』をめぐる三国の類型化――アメリカ・ドイツ・日本の比較を通じて」『富坂キリスト教センター紀要』12、二〇二二年、七三〜九〇頁。

日本の民主化定着へのアメリカの試み

原　真由美

1　はじめに

日本の明治期以降に確立した天皇制は、一九四五年八月太平洋戦争の敗戦により民主化が進められることで変革が促進されたが、これは連合国軍最高司令官総司令部（General Headquarters, the Supreme Commander for the Allied Powers＝ＧＨＱ／ＳＣＡＰ）の戦後政策の大きな影響によるものであった。ポツダム宣言受諾に伴う一連の日本への戦後政策は、天皇を中心に置いた国家主義的な体制を変えて、民主化、主権在民、女性解放を図ろうとする施策であった。太平洋戦争の起因を日本の国家体制によるものと見たＧＨＱ／ＳＣＡＰは、この体制の一因が日本人の精神的背景となった国家神道によると見ていた。

一九四五年十二月十五日、ＧＨＱ／ＳＣＡＰによって発令された「神道指令」により、国家神道は法律上の特権や財政上の補助を受けることができなくなったが、ＧＨＱ／ＳＣＡＰはこのとき、日本において民主化の背景の一つになる信教の自由という柱を立てた。「神道指令」を作成するにあたってＧＨＱ／ＳＣＡＰは、教育・宗教政策を担当する民間情報教育局（Civil Information and Education Section＝ＣＩＥ）の宗教班を中心としてこれを行わせる。その宗教班の担当者は、Ｗ・Ｋ・バンス（William Kenneth Bunce 一九〇七〜二〇〇八）であった。「神道指令」は、アメリカで日本に精通する研究者が数少ない中、一九二〇年ごろより日本にあって、ただひとり神道と天皇制についての研究を行っていたアメリカン・バプテストの宣教師Ｄ・Ｃ・ホルトム（Daniel

Clarence Holtom 一八八四～一九六二）の研究成果を活用し、反映するものとなっている。

「神道指令」は太平洋戦争後の日本に、信教の自由と民主主義の根源ともいえる個人の人権という考え方をもたらした。この考えに影響を与えたのがホルトムであるが、日本の神道理解と天皇制のあり方にまで及ぶその研究は、「神道指令」発令後の一九四七年にまで続けられている。ホルトムは、太平洋戦争後の神道の課題まで指摘しており、日本人に大きな影響を与えている。

アメリカ・カナダには、太平洋戦争前から北米キリスト教会等で構成されたエキュメニズム組織の北米外国伝道協議会（Foreign Missions Conference of North America＝FMCNA）が、一八九三年に組織されていた。そして、このFMCNAは早くから日本に対する共通認識を得ようとしていた。

FMCNA組織の小委員会である東アジア委員会（CEA）は、太平洋戦争開戦の翌一九四二年に、「日本におけるミッションと教会の関係」と題する報告を、日本で宣教師経験のあるA・K・ライシャワー（A. K. Reischauer）、C・W・アイグルハート（Charles W. Iglehart）、L・J・シェーファー（Luman. J. Shafer）の三人の委員にまとめさせた。この報告は、日本人の精神構造にまで言及し、アメリカにおける日本共通認識の土台となった。

バプテストの宣教師ホルトムの研究や、FMCNAのまとめたアメリカにおける日本に対する共通認識は、日本人の精神的要因の根源、精神構造に及ぶ日本人の国家主義観が太平洋戦争開戦の起因となっているというものであった。

2　GHQ／SCAPの「神道指令」

アメリカを中心とした連合国の指導者たちは、日本人の精神を惑わしている国家神道の教義が世界平和に敵対し、日本の超国家主義、軍国主義、およびそれに伴う侵略も、これに基づくと分析していた。連合国軍最高司令官マッカーサーも神道を国家から分離する必要があると考え、日本に進駐したGHQ／SCAPは、直ちにこれを払拭すべく施策を実施する。

民間情報教育局（CIE）に設置された宗教課が発令した「神道指令」は、日本が国家主義との関係を絶ち、平和主義的で民主主義的な国を構築することを目的とするものであった。一九四六年一月に日本側から出された詔書、いわゆる「天皇の人間宣言」と時期をあわせる形で発令されている。

CIE宗教課は当初、政策立案のために、日本研究者で評価の高い神道研究者ホルトムを、日本の戦後の宗教政策立案の顧問に迎えようと考えたが、健康上の理由から彼の来日は実現しなかった。それで、ホルトムの著書、論文である『近代神道の政治的哲学』、『日本の国民信仰』、『近代日本と神道ナショナリズム』等の文献を参照することにした。これらの著作は、アメリカ陸・海軍省や戦略事務局等に連なった、戦後日本の占領に関する諸施策を検討する政策家たちが用いた五四七の文献のうち、最も多く引用した一六の中に含まれている。その中で日本の宗教に関する研究書として取り上げられたのはホルトムの文献だけであった。

W・K・バンスは、GHQ／SCAPのCIE宗教課の責任者（課長）となり、宗教政策を担当したが、この就任は「神道及び宗教政策」を担当する者がいないという理由によるものであった。バンスは一九〇七年に生まれ、オハイオ州オタイバン大学を卒業後、オハイオ州立大学で修士を取得し、同窓の女性と結婚した。夫人は日本生まれで、義父は同志社大学の教授であり、牧師であった。バンスは、義父と夫人の希望により旧制松山高校で教えたことがあり、帰国後、オタイバン大学で歴史学科長、教務部長になった。その後、軍務を志願し、コロンビア大学で戦時・占領時国際法を学び、プリンストン大学、モントレー軍政学校を経て、終戦の年の九月にGHQ／SCAPのスタッフ要員として再来日した。夫人を通して日本語はよく理解したが、宗教については専門外であった。そのため、当時の文部大臣前田多門の力を得、GHQ宗教政策顧問の東京帝大助教授（宗教学）岸本英夫に神道についての個人講義を受けた。このとき、参考書としてホルトムの著書を読むことになったのである。

バンスは日本国内の神学者、仏教者の教示を受けつつ、英訳のホルトムの著書を参考にしたが、その研究成果の多くを日本の宗教政策に反映する。政策立案された「神道指令」の中にホルトムの著書の引用が多いのは、このためである。

バンスと同時代に宗教政策を担当した人物には、日本と縁の深い元宣教師がいた。日本で宣教師経験のある日本セブンスデー・アドベンチスト教団最高責任者アンドリュー・N・ネルソン（Andrew N. Nelson）が宗教研究班長として、元三育学院院長のフランシス・R・ミラード（Francis R. Millard）が教育調査班長として務めていたことは知られているところである。日本を熟知し、日本語能力に卓越した元宣教師たちの存在が、戦後日本の背景となる宗教政策に関わったのである。そして、民間情報局の宗教課の日本宗教に関する顧問は、前述したFMCNAの東アジア委員会で「日本におけるミッションと教会の関係」を作成したC・W・アイグルハートであった。

宗教問題に関するCIEの意思決定は、アメリカ政府の政策および最高司令官マッカーサーによる枠組みの中にあったが、日本での施行では、おおむねバンスが行い、その提案はほぼ全面的に採用されていた。

3　ホルトムの神道研究

(1)　D・C・ホルトムについて

アメリカン・バプテストの宣教師D・C・ホルトムは一八八四年にミシガン州ジャクソンに生まれ、一九〇七年カラマズー大学、一九一〇年ニュートン神学校を卒業し、同年十月、関東学院の前身校である東京学院の教師になる予定で来日した。来日直後は、請われて水戸地区担当の宣教師として活動し、その後一九一四年に東京へ移り、東京学院院長に就任し、当時の日本バプテスト神学校、関東学院で語学、神学の教師として働いた。関東学院神学部が青山学院神学部に授業を委託（合併）した一九三六年に青山学院へ移り、神学部長も務めている。

ホルトムは、恵まれた語学の才能により日本神道の研究に従事し、その業績は、アメリカ人であっても日本神道の権威として評価されている。

(2) 神道研究の動機

ホルトムがキリスト者でありながら神道研究を行ったのは、昭和初期の日本が外国からの自立や影響力を排除する対外政策を遂行したという時代背景を感じとり、キリスト教宣教のためには神道と日本人の関係を究明し、日本人の精神的要因と根源を明らかにしなければならないと考えたからである。

来日して二年後の一九一二年五月に水戸と平に着任し地域伝道に携わるが、年次報告でキリスト教の見地から、茨城県桜川市水戸・平地区の住民の性格に起因する神社や寺院の背後にある特殊な問題を指摘している。

Report 1914, *American Baptist Foreign Mission Society.*

水戸は今でも日本保守主義の拠点であり、市民は誇り高く、ある者は頑固で、それを誇りにしている。……水戸では、キリスト教は「外国」から入ってきた宗教のゆえに反対される。また、平では、日本に生まれた土着のものではないという「正義」のゆえに反対された。古い水戸城内には風雨にさらされた儒教の社があり、それは水戸の問題の中核を象徴している。公正な商取引、伝統を維持し、守るという異常な熱意、また、霊的な事柄への無関心が実質的な無神論を生み出している。平には町の北側に不道徳な個人主義、異教徒的不正直、無知、人間の尊厳への無感覚、無関心などの問題を象徴する公認の好ましくない場所がある。（以下略）

ここで指摘されている「〜問題を象徴する公認の好ましくない場所」とは遊郭のことである。平にこれが設置されようとしたときに、ホルトムが赴任した平教会は反対を唱えたが、聞き入れられることはなかった。それゆえ、そのあとホルトムは、女性の人権を無視した日本の公娼制度を激しく非難している。

水戸地区は、人々の大半が農村に住んでおり、保守的精神の強い典型的なところであった。水戸藩の藩校であった弘道館を中心に広まった水戸学は、前期水戸学と後期水戸学に分けて考えられるが、後期水戸学は近世ナショナリズムの源泉の一つとなり、幕末、尊王攘夷思想の根拠になった。幕末の全国の武士階級に君臣上下の名分を説き、将軍に代わる天皇の存在を知らせ、天皇に対する忠誠を力説した。防衛政策、欧米諸国に対抗できる強力な国家体制の必要性を認識させる考えを形成し、封建的精神の保持にも熱心であった。"Japan Baptist Annual for 1929" の報告によれば、現代的な機械文明や西洋風な服装の採用に対しても拒否感があり、一般大衆も、海外から入ったキリスト教は国家の敵で、教会に属することは忠誠心に反することであると考えていた。

(3) 日本の国家主義観

ホルトムが来日した一九一〇年は、日本が朝鮮半島を侵略し、韓国を併合、国家主義のもとに軍国主義へと突き進んでいく時代であった。一九四一年、太平洋戦争が始まったためにホルトムは強制帰国を余儀なくされたが、それまでの三十年余り日本を見続けた彼の神道研究は、太平洋戦争終結後にGHQへの「勧告書」という形で日本の宗教政策に反映されることになる。

ホルトムは日本に来てから、短期間で日本語を習得し、日本の古今の書物を買い集めた。古い文献である『古事記』、『日本書紀』、『万葉集』を入手し、さらに明治期から日本思想の中心にあった神道にも関心をもつようになる。道端の社はホルトムの興味の的となり、神官たちにも知己を得て、研究に協力してもらったという。

東京学院（後の関東学院）、青山学院などのキリスト教関係の大学で宗教史を教えるかたわら、元東京帝国大学の神道教授で国学院大学教授の加藤玄智に師事して、神道を学んだ。初期のころの著作は古神道に関するものであったが、次第に「神道的ナショナリズム」ともいえる世俗イデオロギーのほうに関心が移っていった。比較的早い時期の著作では、神道を「家庭神道、神社もしくは国家神道、宗派神道《ママ》」の三種に区分している。家庭神道は神棚や神社の護符を各家庭で祭らせるものである。神社神道（Shrain）ないし国家神道（State Shinto）は、国民生活を一つの方向に向けさせるもので、国家にとって価値のあるものとなり、それゆえ特別に保護されていたとしている。宗派神道（Sect）は、信者の自発的な支持に頼って、その集団を維持していったと見ている。ホルトム自身は、当初、国家神道と神社神道を同一のものと考えていたが、後に加藤に倣って両者を分けるようになる。「神道指令」にある国家神道の定義は、ホルトムのこの神道観に全面的に依拠している。

(4) 神道理解について

ホルトムの神道理解を、彼の著作である『近代神道の政治的哲学』から迫ってみる。

日本の近代化と神道との関連を明治憲法の二十八条から見ると、信教の自由は、帝国の福利を害せず義務に背かないかぎりにおいて保障されていると定められている。今日でも「公共の利益」という言葉が使われて信教の自由は制限されてもかまわないという風潮があるが、明治憲法二十八条では、普遍的に認められた信教の自由というものではなかった。一方で、当時の政府の近代化策からは、国家が国教を育成すべきでないと解釈し、そうとらえられていたが、他方で、神道の強い支持を後ろ盾にして、日本国民の自立という心地よいスローガンとともに日本人の精神構造に深く浸透させ、拒否することができない社会構造を創り上げられていった。このことは日本人の間で広く受け入れられ、神社を宗教施設から公式に分離し、その結果、神道は宗教でないという解釈を生んでいった。

そして、神道は宗教ではないので、これへの援助は国としての宗教政策ではない。そして、国は宗教との関係をもたないのだから、官社（Official shrines）は宗教的な性格を取り除いたものであるという主張が可能となった。神社に、すべての国民（臣民）にとって日本の歴史としての連続性を維持し、忠誠と愛国心を養う国家制度としての機能をもつ道が敷かれたのである。

ホルトムが研究を始めたころの政府は、明治憲法に抵触して国教（国家神道）を育成しているという非難に反駁を行っている。それとともに、神社に対して管轄権を行使し、神社が日本社会を根本から支え安定させるという価値観をもたらした。ホルトムは、神社参拝などが政府の関与しない行為であるとしても、国への忠誠もしくは国民の道徳という感情を国民にもたらすと考えていた。国民と神社の緊密な関係によって忠誠心が生じているととらえたのである。この忠誠心に基づく国民感情の中核が、神の子孫である皇統と、神格化された国民的英雄に向けられることになる。ここから神社は日本人の精神構造を構成し維持発展させるのに不可欠な要素になっていったのだろうと指摘している。

なお、太平洋戦争期においてアメリカの日本研究者たちが参考にしたものの多くは、一九三〇年以降に出された研究書や論文であった。それらは、日本の帝国主義的・軍国主義的な側面を強調する傾向のあるものだが、ホルトムのように近代を国家神道体制が強化されていく時代と見るなら、国家神道の本質は、ファシズム的国教観を確立していくことにあるといえる。

(5) ホルトムの国家神道と国家主義の理解について

ホルトムは、神道の起源から国家神道の成立・発展の過程までを四つの時期に区分している。そして、第四期である明治維新以降の国家神道の歩みを、詳細に区分して論じている。

第一期　神話と一体となった起源が明らかにされない時期から六世紀末まで（古神道）
第二期　仏教の興隆時から、神道に対し仏教と中国文化の影響が浸透し、仏教と神道の同化が進んだ一一〇〇年間（賀茂真淵が神道研究を公刊した一七三七年まで）
第三期　十八世紀初頭から一八六八年の明治維新までの時代
第四期　明治維新以降の宗派神道と国家神道の時代
①形成期（明治維新〔一八六八年〕から明治二十年初頭〔一八八〇年代末〕）
②教義完成期（明治三十年代末〔一九〇〇年代後半〕から昭和初期〔一九三〇年代初頭〕）
③ファシズム的国教期（満州事変〔一九三一年〕から太平洋戦争敗戦〔一九四五年〕）

4　ホルトムの宗教政策への提言

(1)　ＧＨＱ／ＳＣＡＰの宗教政策

ＧＨＱ／ＳＣＡＰは、前述のように国家神道が日本人の精神構造に深く根を下ろし、その精神構造が国家主義・軍国主義を生み出して、太平洋戦争に至る要因の一つになったと見ていた。そのため民間宗教としての神社神道の存続を支持しながらも、国家と神道との完全な分離、つまり政教分離を徹底することが必要であるとして「神道指令」を発令した。

(2)　日本人の内面性への研究

ホルトムは、帰国させられた後、アメリカ民間研究機関である太平洋問題調査会ＩＰＲ（Institute of Pacific Relations）の研究員となり、一九四三年、カリフォルニアのパサデナ大学で「日本人の内面性」についての研究発表を行っている。IPRでの発表では、日本人の集団的志向は天皇崇拝と一体化された権威主義的性格が濃く、精神構造は排他的で、心情は江戸時代の鎖国に由来しており、よそ者を「潜在的な敵」とみなし、異民族を「劣等」として蔑視するととらえている。

日本人の内面性と原始性について

敵として戦っている日本については、欧米諸国（特にアメリカ）から海に隔てられ、地理的に遠いこともあって、現在のところ十分な情報がなく、経済的、軍事的情報も得られていない。日本人を理解するためには、ある状況でどのように考え、どう行動するかを知ることが重要であると考えられる。欧米から注目を浴び、日露戦争に勝利したことは、日本人の熱狂性にある、とマッカーサーは考えている。そして日本人の特徴を一言で言い表すと、「原始性（古代性）*」である。

〔*ここでいう原始性（古代性）とは、中世のころからの日本の歴史や神社、古代の太陽の女神である天照大神の原始的なシンボルが時代とともに変化し、非宗教的な機能をもつようになってきた、という意味である。〕

徳川時代の厳しい鎖国政策は、オランダ、朝鮮、琉球王国、中国の四か国以外の国との関係の断絶をもたらした。二百六十年に及ぶこの政策によって、外の広い世界や人々と交流することなく、海によって閉ざされていたこともあって、亀のように首を引っ込めて、社会的に孤立することになったが、そのことが日本人の内面に大きな影響を与えている。こうした土壌から生まれた近代政府は排外主義を醸成しやすい。それで、その政治や人々の心は原始的な排他主義の古い慣習へと戻っていったのである。

この「原始性」という言葉には、自国民だけを人間とみなし、自分たちは後進的な人々よりも優れているとする日本人のあり方、日本の精神が示されているが、そのことは第一次世界大戦の前から、すでに明示されていた。

日露戦争の勝利は、生産的行為よりも他の人々が労働によって得た実りを奪い取ることのほうが効率的であるという確信をもたらしたが、そのことによって職業軍人が社会的に高位に位置づけられ、朝鮮、中国、南方諸島への進出を必然とする意識を日本人の間に生んでいった。

個人の責任は集団支配の権威に依存するという慣習が生まれ、それが良心を弱らせ、人を思いやるという感情の欠如を生じさせた。中世（戦国）時代から始まる武士階級の戦いに見られるように、兜首を取られるという行為や、敵に降伏し捕虜となることは恥であり、捕らわれて自由を失うくらいなら死を選ぶという死生観は、生に対する残虐性が残っていたからであるといえる。

このような孤立した自民族主義は、明治期に突如として到来した西洋文明に大きく揺さぶられる一方、外界との均衡を保つために、以前から保持していた世界へこもることにもなる。そして国家への忠誠心と愛国主義は、日本人の精神的内面性に理想として植えつけられていた日本精神に結びつけられ、太平洋戦争前の軍隊はそのための計画実行組織として位置づけられることになった。

ＩＰＲでホルトムが研究発表で示したのは、日本人の国家主義、軍国主義はその精神構造と深く関係しているということであった。この見解は、それ以降のアメリカの日本研究に共通するもので、戦後の日本の政教分離を徹底する「神道指令」の施策の必要性につながっていく。

(3) ホルトムの勧告書に見る教育制度の改革と天皇制

ホルトムはＣＩＥ（民間情報教育局）の来日要請には応じられなかったが、同局が設置された一九四五年九月二十二日の日付で勧告書をＧＨＱ／ＳＣＡＰに送付している。ＣＩＥはこれを受け取り、「神道指令」に反映させる。「神道指令」とホルトムの勧告書の内容を見比べると、一致点が実に多いことがわかる。

勧告書は正式には、「日本の学校における国家神道に対し、米合衆国軍政当局の採用すべき特別政策についての勧告」という標題が付されており、下記の五項目から成って、教育制度の改革の重要性と、公教育から国家神道を排除することを指摘している。

一　文部省
二　教科書の改訂
三　天皇
四　神社と儀式
五　神社と神職の管理

ホルトムは日本の教育制度の欠陥に精通していたようで、勧告書において、教育の改革に賛同する文部大臣の任命、教員の適格審査の必要性、主として歴史・修身の教科書から神話的・非歴史的材料の排除、神格化された天皇観の修正、御真影奉拝儀式の廃止、教育勅語の検討、天皇と国家および天皇と国民の関係の根本的改革、神社の強制参拝の禁止、神道的儀式への参列の自由、神社・神職に対する国や地方公共団体の支援の漸減、神祇院の廃止と神社管理の文部省への移管など、きわめて具体的な提言を行っている。

ここには、占領初期にＣＩＥが行った教育・宗教政策のほとんどが網羅されていることがわかる。ＣＩＥはこの勧告書を重要な手がかりとして政策を立案・実施していったのである。

「神道指令」は、国家神道を禁止することによって宗教と国家を分離し、また公立学校から神道の排除を徹底させるため、教師用参考書および教科書の検閲からあらゆる神道教義の削除を要求している。さらに将来、神道教義を含んだ教師用参考書および教科書の発行、神道教義を教えることや、学校の支援による神道・神社への参拝を禁じ、公立学校のすべての神棚および神道の物的像とその徴を直ちに取り去ることを要求する。かつ、神社神道や他のいかなる宗教であっても、それらを信じないという理由で、あるいはその宗教的行事、儀式、祭礼、慣行に参加しないという理由で、教師また生徒が差別待遇を受けることを禁じている。

(4) 国家神道の問題点とその指摘

「神道指令」では、「神道の教義、慣例、祭式、儀礼或いは哲学における軍国主義および極端な国家主義的イデオロギーの宣伝、弘布」もすべて禁止された。「軍国主義的且つ極端な国家主義的イデオロギー」を「次の如き理由のもとに日本の支配を他国および他民族に及ぼさんとする日本の使命を擁護し、或いは正当化する理論」を含むものとして規定し、国家神道の問題点を次のように的確に指摘している。

一　日本の天皇がその家系、血統或いは特殊な起源の故に他国の元首に勝るとする主義
二　日本の国民がその家系、血統或いは特殊な起源の故に他国民に勝るとする主義
三　日本の諸島が特殊な起源を有するが故に他国に勝るとする主義
四　その他　日本国民を欺いて侵略戦争へ乗り出し、或いは他国民の紛争解決の手段として武力の行使を謳歌せしめるに至らしめるが如き主義

(5) 勧告書に見る天皇制

勧告書の「三　天皇」の項目を見ると、次の五つの細目に分かれている。細目の㈠から㈢は関連性があり、ホルトムは、御真影の前での教育勅語奉読は祝祭日の儀式を通じて宗教的な神格天皇観を子どもたちに植えつけると見ている。「神道指令」が常に「教育勅語」の取り扱いに関係づけられているのは、この見解に基づいている。この儀式は一九三七年に国家神道の教義ともいうべき『国体の本義』の完成によって一層強められ、軍国主義と

一体化して日本国内で定着していったからである。

ホルトムは、いかに神話的で非歴史的なことであっても国家に忠実である証しとして国民に神道の儀式に参列するように要求することは、取りも直さず政府の宣伝を規範として受け入れるように強制することであり、政府が用いるそうした強制的な手段や数多くの慣行は、人為的に造られたものであるとして懸念を示している。

細目㈣に天皇についての歴史記述が、細目㈤に民主主義に関連することが記されており、前者は歴史教育、後者は憲法の改正に関係するものとなっている。以下にまとめて掲載する。

㈠ カミとしての天皇（'god' または 'deity'）。

一九三七年に刊行された『国体の本義』と題する本の中で、天皇をカミと呼ぶのは、宗教的意義があるわけではなく、文部省の説明によれば「高貴な人物」を意味するのであり、この説明を重視すべきである。

㈡ 学校で行われる御真影を拝礼する儀式は廃止されるべきである。

学校の御真影を安置する特別の部屋は閉鎖するか、他の用途に振り向けるべきである。御真影は、たとえば校長室のような通常の学校生活で接触をもたない場所に置き、容易に近づくことができる場所には掲げない。

㈢ 教育勅語。

教育勅語奉読をめぐる手の込んだ儀式は廃止されるべきである。勅語は、改訂もしくは民主主義・国際主義ならびに通常の儒教倫理の原則としての記述で補足する観点から検討されるべきである。

㈣ 日本史上の天皇に関する事実は、悪いことや無能なことがあろうとも、検閲を受けたり隠されたりせず、また皇統を賛美するために歴史を捏造せず、知らされるべきである。

㈤ 天皇の地位に関して学校で教えるときには、天皇と国家・国民との関係を根本的に修正すべきである。

それは次の立場を設定することを意味する。

①究極の主権は、国民の意思に基づき、自由に選出された国民の代表者の決議を通して表現される国法に存すること。

②国民と天皇が接触するうえで存在する人為的な障壁を除去し、天皇が国民の前に自由に姿を現し、国民と交わり、国民の前に立つことが許されるべきこと。

③教育は、国家が人為的につくった、人の意思を超える絶対的な天皇をもって行うものではないという原則をもつよう改めるべきこと。

④国民は、主権というものは、祖先の神々から継承してきた神秘的・超越的な力で与えられるものではなく、むしろ国家すなわち国民のものであり、自分たちの意思によって行使されるということを学ぶ機会を与えられなければならないこと。

5　宗派神道に対するホルトムからの新課題

ホルトムは、一九四三年に出版した *Modern Japan Shinto Nationalism* を、「神道指令」が発令された二年後の一九四七年に、新たに二つの章を加え、『日本と天皇と神道』として出版している。実際に発令された「神道指令」に課題を感じていたのだろう。第七章で、「神道指令」によって生まれ変わった「新しい神道」について記述し、第八章で、その課題について述べている。

第七章の「新しい神道」の中で、ホルトムは、国家神道で行われた国家的祭祀を日本国民はなぜ強制されていったのかという問いに対して、政府から「善き日本人」であるという回答が得られるからだろうと述べている。確かに、思想面で国家主義を唱えていた政府が国家神道に忠誠を示す者を「善き日本人」と言うならば、これを否定し、公然と抵抗する場合、それは社会的あるいは個人的に強い非難を受けるか、警察に処罰されることを覚悟しなければならない。戦前の政府は、神道は国民に教義上の要求をしないと繰り返し主張しながら、財政援助をして、これを擁護するなど、国に都合の良い対応をしていたといえる。

国家神道は正式な信条あるいは公式の教義をもたないと宣言されていたため、国家的信仰の式典に参加することは、一八八九年の明治憲法で保障されていた信教の自由を逸脱することにはならない。それゆえ日本国民はすべて、各個人が属する宗教やその信仰の如何《いかん》を問わず、国家神道の指示する義務を受容しなければならないことになる。

具体的には、日本国民が受け入れるべき信仰の中心は、天照大神の神話にあった。国家は、この古代の太陽の女神が他のすべての上にあるとした。教育政策の主要な目標は、特に小学校において、この女神崇拝と密接に結びついた天皇の主権を無条件に受け入れさせ、日本人の精神的背景・素地を創ることであった。

国家神道を廃止し、日本人の精神的背景・素地をニュートラルにするのに最も適切な方法は、歴史と神話を区別し、天照大神神話のベールをぬぐい去る力を日本国民に広く行きわたらせることであった。そのためには、新教育制度によって、たとえ期間が長くかかっても、日本人の信仰心という精神的な根源に手をつける必要があったのである。「神道指令」によって新しくなる神道は、新しい秩序として科学的な学問研究を受け入れ、門戸を開くことで、国の歴史を書き直し、政治、教育、宗教の全般的な文化に正常性を導き入れて、変えていくことを重要視していくことになった。日本における新宗教政策を新教育制度と密接に絡み合って展開させなければならない理由はそこにあったのだ。

続く第八章では、ホルトムの意見が反映された「神道指令」によって新しく生まれ変わった神道について記される。神道のこれからの役割と真価を永遠の価値という課題として次のように示している。

ホルトムは、明治維新から太平洋戦争開戦に至るまで、日本国民の生活の中でずっと見られる倫理的な欠点として、社会改革や教育計画の責任を政府側の官吏に任せていたことを挙げている。そうした政府・官吏に依存する姿勢が有用な世論を発展させる機会を著しく欠くことにしてしまった、と指摘する。国民が政府・官吏に意思決定を委ねている間に、国家神道は絶えず国民の依存的性格を助長していた。そして神道は、極端な形の超自然的な権威、つまり天皇への依存をその教義と劇的な演出の中に掲げ、倫理的な社会改革や教育計画も権威に依存することで個人の責任という概念を弱め、その観点の欠如を生じさせた、と主張する。

一九四五年に国家神道が解体され、神道も民間が支える一宗派となり、法律上の特権や財政の補助を失い、地位が一変した。これからは、個人の信仰によって支えられる神道であれば、それが行う儀式の重要性を認識し、かつて国家神道時代に行っていた役割を見直し、再考察をすることが課題となった。

その一つに、戦死者を神に祀るという人間の神格化の問題があった。天皇のため、祖国のために死んだ人たちを追悼する祭儀は、人間を一方的に神格化することで、そのことを人々に強制する。そして、軍事的思想を高揚させ、軍事的性格をもつ神社を存続させるのである。

ホルトムはまた、神社、神職に対する国や地方共同体の支援の漸減、神祇院の廃止と神社管理の文部省への移管を提言したが、後にこのような特殊な目的をもつ神社制度を宗教的な運営・経営にそのまま移行するだけでは、根本的な解決にはならないと考え直している。神道が個人の支持によって成り立つ宗派となれば、死者の霊を崇拝することは本来困難であり、また武徳（武士として守るべき徳義）の崇拝はできないとして、これを主張した。

そして、神道は、もともと一般的に社会や生活で最重要の意義をもつと思われる結婚式やお宮参り、地鎮祭などで儀式と祈願を行い、この点に関しては将来も変わらない。これからの日本で神道が重要視すべきは、個人の人格の尊重と道徳的に責任感をもつ男女各個人の自発的な協同によって物事がなされていくことにある、とホルトムは考えていたのである。

ホルトムは、「神道指令」によって日本に民主主義が取り入れられたが、それが本物の民主主義として世界の水準に達し、それに見合う役割を果たしているかどうかは日本の将来の対応による、と指摘している。この問題は現代に続く課題となっている。

6　アメリカにおける日本認識

(1) アメリカの覇権主義に対するエキュメニズム

アメリカが太平洋戦争の勝利を確信していくことをキリスト教会も感じとっていた。そのような時代が到来したとき、教会の目指すものが何かを、エキュメニカル進歩的な雑誌である『クリスチャンセンチュリー』誌の「キリスト教会は新世界秩序にどう備えるか?」のシリーズにおいてすでに論じ始めていた。

W・V・カーク（W. V. Kirk アメリカ人平和主義者）の「アメリカのキリスト教会の求める平和、新秩序」アメリカを世界の中心と考えることは、世界の秩序を悪化させることである。世界の安全と幸福を担保に、束の間の強制的な平和を確保することには危険性も存在する。教会は、そのような武力によって一時的に支えられるような平和には、連合体であったとしても関心を向けることはできない。教会は、地図上にイデオロギー的な境界線を引き、政治的、経済的な交流から人々を排除するような世界政府を求めているのではない。オックスフォードで開催された世界教会会議では、民族の代表による世界共同体の実現なくしてキリスト者の願いを果たすことはできないという方針が提案され、支持を得ている。

また、ヴェラ・ブリテン（Vera Brittain イギリス人フェミニスト平和主義者）は、「神に『イエス』と言い、国家に『ノー』と言え!」という寄稿文で、第二次世界大戦の直前に多くの平和主義者やその考えに近い運動が起こった要因は教会の力不足にあったと思われると指摘している。

キリスト教会が教会の教えを守っていたならば、戦争は起こらず、平和を希求する聖戦は必要なかったであろう。教会の失敗として旧体制のどの地点で誤りが起こったのかを明らかにしないかぎり、新しい体制への備えをすることはできないであろう。

全体主義が生まれた無政府状態〔筆者注＝ドイツを想定している〕は、当時の国民がキリスト教の教えをナショナリズムへの信頼に置き換えたことに始まったのではないだろうか。教会の力が弱まるにつれて国家の力が強まったという事実があり、全体主義が成長したことに対して教会の責任の大きさを直視しなければならない。民主主義が政治権力に制限を加える機会に失敗したことを示すものであると考えられる。アメリカの教会は、奴隷制、不節制、戦争に対して抗議をしてきた。アメリカに国教会が存在しないところにアメリカ教会の意義があり、アメリカの自由教会が戦争推進政策に頑強かつ広範囲に反対できたのは、国教会がなかったからではないか。

このようにブリテンは、やがてアメリカに来つつある覇権の時代を想定して、アメリカの教会が目指すべき平和はどのようなものかと、エキュメニカルで批判的な視点から教会の責任を問題にしている。そしてイデオロギーや敗戦国を排除する排外主義的な考えは第三次世界大戦につながりかねず、軍事主義や排外主義に陥ってしまう、とこのときすでに懸念を示している。

(2) 北米外国伝道協会（FMCNA）の日本への共通認識

本稿の最初で述べたが、アメリカとカナダの各プロテスタント教派によるエキュメニズムの外国宣教部の協議機構である、一八九三年に組織された北米外国伝道協議会（Foreign Mission Conference of North America ＝ＦＭＣＮＡ）は、太平洋戦争開戦後まもなく、戦争終結後の日本にキリスト教宣教の再開に向けて、日本に詳しい三人の宣教師に、日本のキリスト教の状況を「日本におけるミッションと教会の関係」と題して報告書をまとめさせている。

この報告書によると、日本人のキリスト者の中に、強い国家主義観をもつ者が見られることを指摘しており、太平洋戦争後のＦＭＣＮＡの宣教では、アメリカの日本占領政策となる民主主義を日本に根づかせる政策と連動して、日本人の国家主義観の払拭を図ることを考えながら、活動の再開を意図したことが見られる。ＦＭＣＮＡはその中にすでに組織していたＣＥＡ（Committee of East Asia）東アジア委員会を一九四二年に戦後計画委員会として戦後の宣教と復興計画のために課題を検討し、そのために日本人の特質や、思考形態を歴史的背景にまでさかのぼって把握した（原真由美『キリスト教宣教と日本——太平洋戦争と日米の動き』一六頁）。

「日本におけるミッションと教会の関係」報告書にも、ホルトムが指摘している日本の国家主義について、同様な理解と詳しい説明が述べられている。報告の「日本人の国家主義」とまとめられている項目には、日本人は、教会の政治形態の差異や、各教派の成り立ちの背景に対する理解に乏しく、大きな問題意識をもっていなかったことについて驚きをもってとらえている。そこでは、近代のキリスト教が到来してから外国ミッションのキリスト教宣教活動が横断的、表面的な宣教にとどまり、日本人の資質や背景に深く浸透しなかった理由の裏づけとして、以下のように国家主義観が考えられている。

外国ミッションの日本宣教は、派遣された宣教師と日本の上流階級との親密な関係から始まったが、アメリカやヨーロッパでは、キリスト教界の中でさえ、熾烈をきわめた教派間の争いがあり、教会の政治形態における相違が大きな問題となっていた。だが日本では教派間の争いが深刻ではなく、逆に日本人の独立志向の高さや、その指導者層の多くに和魂洋才の志向があった。
明治維新後、キリスト教を受け入れて信徒になった日本の指導的キリスト教徒層には、明治政府に登用された武士階級以外の佐幕派（幕府を補佐する）と言われた武士階級の存在があり、佐幕派等の人々は官僚になって活躍する道が閉ざされていたことから、立身栄達の道を、キリスト教という新思想に求めた克己心をもつ若者たちが含まれていた。この佐幕派を含む階級出身者には、強い国家主義観が残っており、このことが日本人の思考が旧来の国体観から抜け出せない理由となり、武士階級のもつ国家主義観という思考形態のなごりがあった。

また、日本人のもっていた性質や感情から生じる背景として、日本の旧来の大家族主義に根ざす封建思想、社会構造や社会制度による依存的、隷属的体質が残っている日本の社会状況の報告があるが、本稿の初めに述べたように、ホルトムが論じた日本人の原始性に加えてホルトムの研究と同様な考察の一致が見られることは、アメリカの共通した認識としてあったと言える（前掲書、二二一、二二五、二二六、二二七頁）。

7 まとめ

日本はポツダム宣言を受諾し、連合国に降伏した。GHQ／SCAPは、戦後日本の宗教政策のもととなった「神道指令」を発令し、日本の国家神道を解体し、信教の自由と新教育制度をもたらした。この政策のもととなったのは、アメリカン・バプテストのキリスト教宣教師として日本に三十年余り生活をしたD・C・ホルトムによる日本神道と日本人の関係を究明した研究業績であった。国家による強制力のあった国家神道を廃止することで日本国民の信教の自由を守れるというホルトムの考えが、日本の民主化の一歩として政教分離が図られ、太平洋戦争後の一歩になったのである。

ホルトムの研究は、韓国併合後に軍国主義へと突き進んでいく熱狂性をもった日本と日本人の精神構造を明らかにし、これを理解するためには、日本人の精神的要因と神道の関係を究明すべきであると考えたものであった。この究明を通じて日本への深い理解と日本人の精神の真の解放のために貢献しようとしたホルトムの配慮がうかがえる。

ホルトムの日本神道研究に基づいたＧＨＱ／ＳＣＡＰの宗教政策である「神道指令」が最終的に反映させたことは、新教育制度につながる歴史と神話とを区別する歴史理解と国の歴史を書き直し、政治、経済、宗教等の全般的な文化に正常性を導き入れるために科学的な学問研究と自覚的な責任という概念を明確にすることであった。日本人の倫理的な欠点であった社会改革、教育計画の責任を政府の官吏任せにしたあり方、超自然的な権威によって成就するという観念を認めないことであった。社会改革、教育計画の責任を政府任せにせず、絶えず有用な世論を活発化する機会をつくることとの重要性、個人の責任という概念を育成するために、倫理的な社会改革や教育計画は一人ひとりの人間に責任があるという考えを取り入れることであった。

「神道指令」によって、個人抑制に対立する個人的道義心と人権意識、議論や批判を許さない沈滞した画一主義に対する挑戦、絶対服従を至上の徳と教え込む思想統一に対立する創造的な人格の形成、教育の理想としての創造的、協調的人格とその育成に重きを置いたことは、新風であった。また、神道指令により新しく生まれかわった神道は個人の信仰となり、それが行う儀式は、国家神道時代に照らして見直す必要が生じた。ホルトムが指摘した戦死者を神に祀るという人間の神格化の問題や、そのことが軍事的思考を高揚することにつながらないことが、さらにＦＭＣＮＡが指摘したアメリカの日本認識を払拭することになった。

ホルトム自身のキリスト者としての信仰は、国家の要求する忠誠に対立するものであっても良しとし、信仰と国家の要求が完全に分離されても、両者は互いに相補い合うものとなるという今に通じる考えでもあった。

日本の神道研究を行うことから日本と日本人を深く理解し、彼のキリスト教信仰に基づいた日本人の精神の真の自由と解放という願いは、GHQ／SCAPの宗教政策立案の過程でバンスらによって「神道指令」という思わぬ形で果たされたことになる。

しかし日本の積み残した課題への評価として、ホルトムが一九四七年に勧告書に二章を追加した。その中で、西洋諸国から日本の現在にも通じるこの時代の成熟度について問われた場合、日本の将来における民主主義の成熟度は、その後の国際社会から与えられる役割の果たし具合によって判断されると次の課題が指摘されている。指摘された課題としては、①国際的な民主主義への成長、②男女同権と人権意識、③日本人個人の精神的内面性、である。

このため、マッカーサーが新憲法の制定にあたって天皇の権威を利用した形で進めたことによって、権力関係として理解されるべき「国家」が「家の成長」として理解される共同体的国家観の影響が残った。戦後八十年になろうとする現在でも、このような国家観が日本人の精神構造を権威主義的なものとしたと考えられる。また、GHQ／SCAPの政教分離も教育についても、太平洋戦争後に起きた冷戦のためにアメリカの、日本統治の政策の積み残しが生じ、「神道指令」の不徹底さのため国家主義の残存を許すことになっている。かつての日本では国家神道に対して忠誠を示すことが「善い日本人」の要件であったが、この国家主義は、日本人が他の宗教を信じる際にも組織的、構造的勢力として影響を与えた。この一人ひとりの精神状態や行為を集団的に支配しようとする恣意性が現代の時代にも残されていることを警戒し、再確認する必要がある。日本人の変わるべき最も重要な部分は、個人の人格の尊重と道徳的に責任感をもつ個々人の自発的な協同による社会的、政治的連携ではないかということである。

太平洋戦争開戦の起因として、日本人の精神的要因の根源、精神構造に及ぶ日本人の国家主義観に問題があることが指摘された。ホルトムの日本での研究によるものが端緒となって、アメリカ・カナダの北米キリスト教・

エキュメニズム組織であるFMCNAがまとめた日本の共通認識にもつながった。ホルトムのその研究は日本人の精神の解放につながったのであった。

参考資料

拙著『キリスト教宣教と日本―太平洋戦争と日米の動き』彩流社、二〇一八年。

拙稿「太平洋戦争の日本における宗教政策へのD・C・ホルトムの影響」『キリスト教史学』第七四集、二〇二〇年。

拙稿「日本人の内面性と国家主義の残存――D・C・ホルトムの視点から」キリスト教史学第七三回発表。

『日本バプテスト同盟に至る日本バプテスト史年表（資料編）』日本バプテスト同盟、二〇一四年。

D・C・ホルトム『日本と天皇と神道』逍遥書院、一九五〇年。

Houtom, Daniel Clarence, *The Japanese Enthronement Ceremonies*（日本の即位儀礼）東京教文館、一九二八年。

大島良雄『いんまぬえる』関東学院大学、一〇号、一九七七年。

高野進「D・C・ホルトム」『関東学院の源流を探る』関東学院史編纂委員会編、関東学院出版会、二〇〇九年。

大原康男『神道指令の研究』原書房、平成五年。

ウィリアム・ウッダード『天皇と神道――GHQの宗教政策』サイマル出版会、一九八八年。

外山三郎「バンス博士と神道指令」（「法学教室」三五号）。

阿部美哉「『神道指令』執筆者バンス博士に聞く」（「宗教時報」）。

中井純子「宗教団体法及び改正治安維持法下での日本セブンスデー・アドベンチスト教団の弾圧」『キリスト

教史学』第六九集、日本キリスト教史学会、二〇一五年。

北原仁『占領と宗教——比較の中の政教分離原則(1)』駿河台法学、第二六巻、二〇一三年。

"Shinto-Staff Study," Box 5932, CIE Records, "WNRC".
D. C. Holtom, *The Political Significance of Modern Shinto; A Study of the State Religion of Japan* (Chicago University of Chicago, 1922).
D. C. Holtom, "Japanese Christianity and Sinto Nationalism". *The Christian Century*, 1942.
AMERICAN COUNCIL OF PACIFIC RELATIONS, Far Eastern Survey, *The Christian Century*, 1942.
Daniel Clarence Holtom Papers, Special Collections Libraries of The Claremont Colleges.
Avery Morrow, "Patriotism, Secularism, and State Shinto- D. C. Holtom's Representations of Japan," Wittenberg University East Asian Studies Journal, Vol.36 (2011).
A. K. Reischauer, "Mission-Church Relations in Japan," CEA 176, MRL 12, Box 35, The Burk Library Archives (Columbia University Libraries at Union Theological Seminary), New York, Jan. 1942.

Ⅲ　現代における戦争と平和主義

「反ミリタリズム・コンセンサス」の終焉?——「時代の転換」のドイツ

木戸 衛一

はじめに

第二次世界大戦で絶滅戦争とホロコーストを犯したドイツは、戦後、軍事的な事柄に総じて自制的であった。[*1]

一九四九年に成立した東西分断国家で、連邦共和国（西ドイツ）は、基本法第四条三項で「何人もその良心に反して、武器をもってする戦争の役務を強制されない」と、兵役拒否を憲法上の権利として認め、第二六条で「諸国民の平和的共存を阻害するおそれがあり、かつそのような意図でなされた行為、とくに侵略戦争の遂行を準備する行為は、違憲である」と定めた。一九五五年十一月十二日に連邦軍が誕生し、翌年七月二十一日に徴兵制が施行されたが、兵士は闇雲に命令を実行するのではなく、分別と確信から行動する「制服を着た市民」（Staatsbürger in Uniform）とされ、軍事オンブズマン（防衛監察官）や民間代替役務の制度が導入された。

他方、民主共和国（東ドイツ）は、憲法第五条で「すべての国民との友好関係の維持・保全は国家権力の義務である。市民は、ある国民の抑圧に資する戦争行為に参加してはならない」と規定、一九五六年一月十八日に国家人民軍（ＮＶＡ）が成立した。連邦軍との違いを際立たせるため志願制だったＮＶＡは、一九六二年一月二十四日の法律で徴兵制に移行したが、軍務拒否者に対応するため、一九六四年九月七日の政令で、建築作業に従事する建設兵士（Bausoldat）の部隊が設けられた。これは、民間代替役務とは異なるものの、東側陣営で唯一のユニークな制度であった。

東西対立の下にあっても、「二度と戦争をしない」と「二度とアウシュヴィッツを繰り返さない」は、両ドイツの自明の公理だったと言える。一九九〇年十月三日の「ドイツ統一」に先立ち、九月十二日モスクワで、東西ドイツと米英仏ソが署名した「２＋４条約」は、「ドイツの地から平和のみが発する」（第二条）と謳い、三七万人規模への兵力削減、大量破壊兵器の放棄、旧東独領での核兵器配備・外国軍駐留の禁止などを取り決めた。

翌年一月十六日に始まった湾岸戦争での「小切手外交」で米国の不興を買ったドイツは、「カネだけでなく人も出す」方針に転じた。議会の承認を条件に連邦軍のＮＡＴＯ域外派兵に「合憲」のお墨付きを与えた一九九四年七月十二日連邦憲法裁判所の判決を経て、一九九九年三月二十四日、ドイツはＮＡＴＯの一員としてユーゴスラヴィア空爆に参加した。第二次大戦後初めての実戦参加は、「アウシュヴィッツのような人権侵害を止めるためには、戦争もやむをえない」と正当化された。しかもそれはよりによって、反戦・平和運動と縁の深い社会民主党（ＳＰＤ）と90年連合／緑の党の連合政権によって断行された。ドイツないしＮＡＴＯ同盟国を攻撃していないユーゴスラヴィアへの空爆は基本法第二六条に違反するとの違憲訴訟は、ドイツは侵略戦争の準備（傍点筆者）に関与していないとの理屈で退けられた。

ドイツはさらに「九・一一」後、アフガニスタンをはじめとする国外派兵を本格化させた。ペーター・シュトルック国防相（ＳＰＤ）は二〇〇四年一月十三日、「連邦軍が介入する可能性のある地域は、全世界だ」と公然と述べている。

二〇一一年七月一日、ドイツは、最終的には期間が六か月にまで短縮されていた徴兵制を中断（廃止ではない）し、連邦軍を病院や介護施設などと同様、派遣先の一つとする連邦ボランティア制度を導入した。その目的は、連邦軍の介入能力を向上させることと、金融危機にあるユーロ加盟国に財政規律の範を示すことにあった。

ドイツが軍事面で「よきパートナーとして、より早期に、より決然と、より実体的に役立つべき」だというヨアヒム・ガウク大統領の発言（二〇一四年一月三十一日）などにもかかわらず、世論は連邦軍のアフガニスタン派兵、国外派兵一般、あるいは軍そのもののありように、依然批判的ないし懐疑的であった。それは、プロイセン軍国主義以来の歴史を踏まえた「反ミリタリズム・コンセンサス」の反映と言える。はたしてウクライナ戦争は、ドイツを軍事面で先祖返りさせるのであろうか。

1　二・二四の衝撃

二〇二二年二月二十四日、ロシアが始めたウクライナ武力攻撃は、世界に大きな衝撃を与えた。NATOの東方拡大といった背景はあるにせよ、[*2] 今般の事態は、主権の尊重、領土不可侵、武力行使の禁止という第二次世界大戦後国際秩序の基本原則を公然と踏みにじる侵略戦争である。一九七〇年代、ヴィリー・ブラント首相（SPD）が「接近を通じての転換」をモットーに東方外交を展開し、結果として一九九〇年の「統一」を実現したドイツも、安全保障政策の根本的なパラダイム転換を迫られた。

二月二十七日、日曜日にもかかわらず開催された連邦議会で、オラーフ・ショルツ首相（SPD）は、「私たちは時代の転換を体験している。それが意味するのは、以後の世界は以前の世界ともはや同じではないということだ」と述べ、連邦軍向けに一〇〇〇億ユーロの「特別基金」を創設することや、軍事費をGDP比二％以上に引き上げることを公言した。議場では、野党のキリスト教民主／社会同盟（CDU／CSU）から拍手喝采が起き、逆にSPDの議員は呆気に取られた風情であった。

「特別基金」一〇〇〇億ユーロの根拠として、首相は三月二十三日、

・すべての投資が、基本法に守られ、我々の同盟・防衛能力という明確な目的に役立つ
・目前の大プロジェクトにまさに不可欠の、長期的な計画の安定性と信頼性を創出する
・基本法やマーストリヒト基準の債務規定を含め、我々の財政負担能力を確認する

・以前から遅きに失した防衛・安全保障への投資は、緊急に必要な気候中立経済への変換や、人間らしい持続可能な職場、支払い可能なエネルギー、フェアな年金、機能的な医療システムを犠牲にするものではない

と説明した。たしかに兵舎にカビが生え、兵士は防弾チョッキを自前で買い、まともに走らない戦車があるなど、連邦軍は「すっからかん」（二月二十四日、アルフォンス・マイス連邦軍陸軍総監のツイッター）とはいうものの、ドイツの軍事費は近年着実に伸びている（図1）。[*3] 一ユーロ≒一ドルという昨今のレートから、連邦軍にまとめて追加配分される一〇〇〇億ユーロという額は、尋常ではない。

六月三日連邦議会は、「特別基金」創設のための憲法改正を賛成五六七（改憲に必要だったのは四九一票）、反対九六、保留二〇で承認した。それにより、軍隊の設置と権限を定めた基本法第八七a条の第一項「連邦は、防衛のために軍隊を設置する。軍隊の員数および組織の大綱は、予算によって明らかにしなければならない」に加え、第一a項「同盟・防衛能力の強化のため、連邦は独自の起債で一回一〇〇〇億ユーロまでの特別基金を開設できる」を盛り込み、均衡財政を義務づけた基本法第一〇九条第三項・一一五条第二項がこの起債に適用されない

〈図１〉ドイツの軍事費の推移（単位：億ドル）

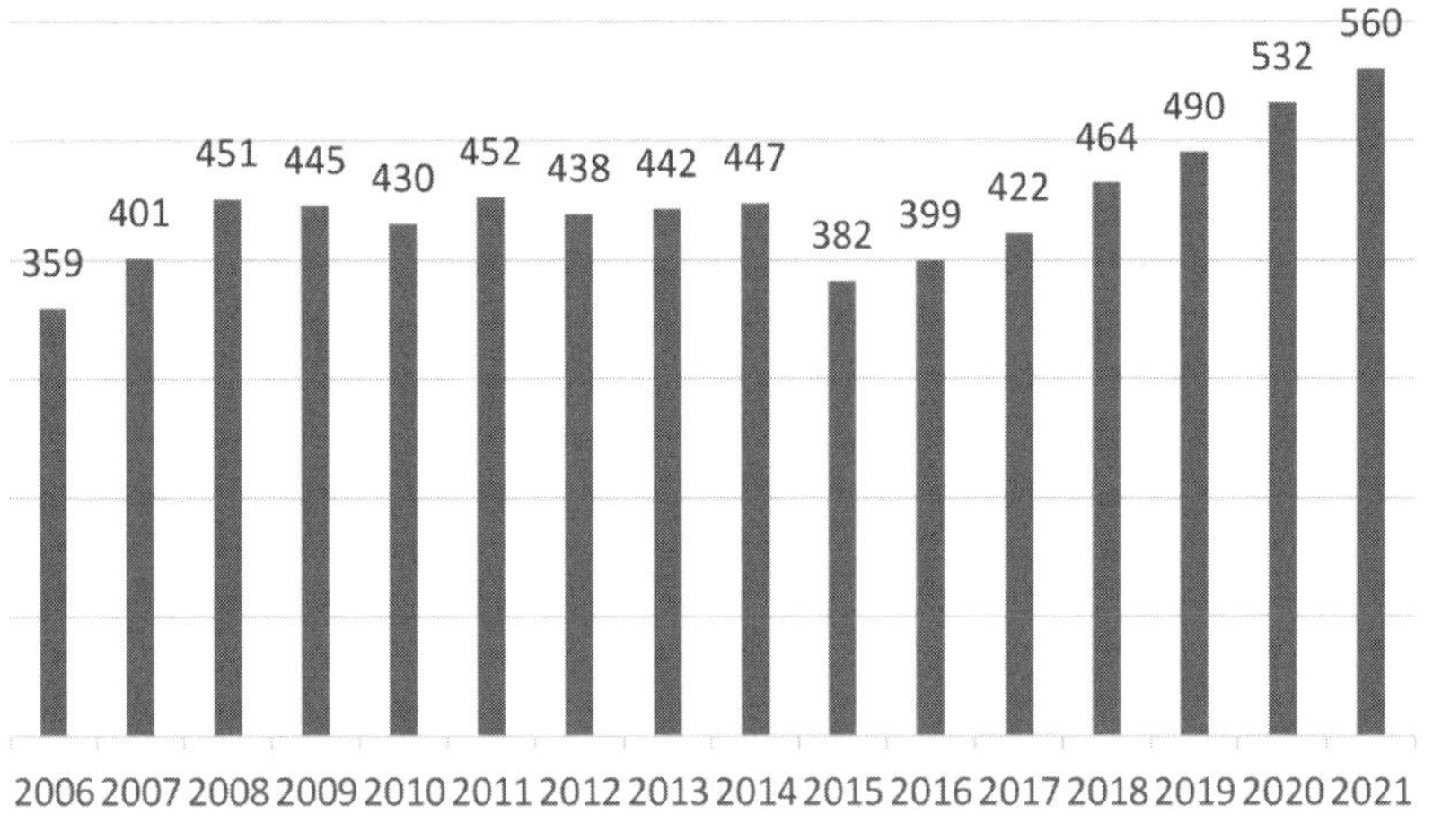

ことも明記したのである。

その間、ウクライナへの軍事支援も進んだ。開戦翌日ドイツは、予告していた軍用ヘルメット五〇〇〇個を供与、二月二十七日には、対戦車砲一〇〇〇基、携帯型地対空ミサイル五〇〇基供与を決定した。

四月一日、ロシア軍撤退後のキーウ近郊ブチャでの住民虐殺が発覚して以降、首相はCDU／CSUのみならず、与党の90年連合／緑の党と自由民主党（FDP）、ウクライナ、NATO加盟国、マスメディアから、武器供与を「グズグズしている」と批判され続けた。「今は言い逃れではなく創造性と実用主義の時だ」というアナレーナ・ベアボック外相（90年連合／緑の党）の四月十一日の発言に促されたかのように、ドイツ政府は十五日、一〇億ユーロ以上のウクライナ追加軍事支援を決定、二十六日には、ついに重火器（ゲパルト対空戦車）の供与を発表した。

その後も、供与を発表した大型武器が実際にはウクライナに届いていないとか、旧東欧の第三国が自国のソ連製戦車をウクライナに供与し、ドイツが当該国にドイツ製戦車を供与する「玉突き供与」が機能していないといった批判が続いた。それに呼応してドイツは、自走式榴弾砲（Panzerhaubitze 2000）の供与やウクライナ兵の訓練を行い、八月二十四日に、防空システムや装甲回収車など五億ユーロ以上の追加支援を発表するなど、二〇二二年予算の枠内で二〇億ユーロのウクライナ軍事支援を行っている。[*4]

ドイツの軍事的な役割について、ラルス・クリンクバイルSPD共同代表は六月二十一日、「私にとって平和政策は、軍事力も政治の正統な手段と見ることを意味する」とし、ドイツが協調的ながらも「指導的パワー」として新たな役割を担うべきだと述べた。[*5] クリスティーネ・ランブレヒト国防相（SPD）も九月十二日、新しい安全保障戦略を発表し、「将来平和と自由の中で生きたい者は、今方向転換しなければならない」、「ドイツの大きさ、地理的位置、経済力、つまりその重みが我々を、望もうと望むまいと、指導的パワーにしている」と強調した。[*6]

「指導的パワー」としてのイニシアティヴを発揮する手始めに、ランブレヒト国防相は十月十三日、NATO加盟一四か国とともに、欧州防空システム（European Sky Shield）を開発する声明に署名した。ドイツの取り組みはおおむね好意的に受けとめられたが、自国の核抑止力を重視するフランスと、すでに英国と軍産協力を進めているポーランドは参加していない。

ウクライナ侵略でのプーチンによる露骨な核威嚇は、核兵器に対する連邦政府の姿勢も大きく変えた。ドイツにはビュッヒェル空軍基地（ラインラント＝プファルツ州）に米国の核兵器約二〇発が貯蔵されていると言われている。かつて二〇一〇年二月二十六日、当時のギド・ヴェスターヴェレ外相（FDP）は、ベネルクスおよびノルウェーの外相とともに、オバマ米大統領のプラハ演説に依拠し、欧州からの核兵器の撤去を求める書状をアナス・フォー・ラスムセン北大西洋条約機構（NATO）事務総長宛に送ったこともあった。[*7]

現政権の連合政権協定では、NATOを「我々の安全保障の不可欠の基礎」と位置づけ、「北大西洋同盟の強化とフェアな負担配分」を確認したうえで、「原爆なき世界（グローバル・ゼロ）」、つまりは核兵器のないドイツ」を目標に、全般的な核軍縮、核兵器禁止条約へのオブザーバー参加を表明する一方で、「核共有を視野に入れた［トーネード戦闘機の後継システムの］調達・認証プロセス」や「国外派兵された連邦軍兵士を護衛するための無人攻撃機」を肯定している。そしてランブレヒト国防相は五月十四日、米国の最新鋭ステルス戦闘機F35を調達する考えを示した。これは「核共有」の枠組みのなかで核爆弾を搭載する任務も担い、一機あたりの費用は一億五〇〇〇万ユーロという。

ベアボック外相は三月十八日、「NATOの核抑止力は信頼できるものであり続けなければならない」と発言した。他方、二〇二〇年二月七日にマクロン仏大統領が、フランスの核抑止力の役割に関するパートナー諸国との戦略対話を提案したのを受けて、フランスの「核の傘」に入る可能性もドイツでは議論されている。なおドイツは六月二十一〜二十三日、ヴィーンで開かれた核兵器禁止条約第一回締約国会議にオブザーバー参加し、同条約締約国と建設的に対話する姿勢を打ち出してもいる。[*8]

欧州で戦争が起こったことで、ラトヴィアは七月六日、NATO加盟後の二〇〇七年に廃止した徴兵制を二〇二三年に再導入すると決定したが、エバーハルト・ツォルン連邦軍総監は三月二日、「我々がまだ知っているような兵役義務は、今の状況では必要ではない。……一例のみ挙げれば、サイバー空間での戦いに、徴兵された者は完全に不適だ」と、徴兵制復活の必要性を明確に否定している。

もっとも六月十二日、フランク=ヴァルター・シュタインマイアー大統領は大衆紙『ビルト』日曜版で、徴兵制の直接的な復活ではないものの、若者が一定期間社会奉仕義務を負うことを議論するよう問題提起した。CDUは九月十日、ハノーファー党大会で、義務的な「社会年（Gesellschaftsjahr）」の導入を決議した。

ウクライナ戦争は、ドイツ市民の連邦軍への関心を格段に高めた。[*9] 予備役のなかには、連邦軍に支援を申し出る者もいる一方、危急の際に軍務を拒否できる可能性について相談する者も増えたという。[*10]

2　世論の動向

「時代の転換」を掲げる連邦政府に、世論は好意的に反応した。開戦一週間後の三月三日に放送された第一テレビ（ARD）の世論調査によると、市民はおしなべて政府の新たな軍事政策を支持している（表1）。ウクライナに対する武器供給への賛同が前月三日には二〇%にとどまっていたこと、軍事費のGDPの二%への引き上げに賛成した六九%のうち、四七%が「ロシアの侵攻で意見が変わった」ことは、ロシアの侵略戦争がドイツ世論に与えた衝撃の大きさを改めて示している。したがって、自分たちに不利益が生じてもロシアに対し制裁を行使する点でも、幅広い合意が生まれた（表2）。ただし、この時点ではエネルギーや食料品などの高騰がまだ現実の問題になっていなかった点を割り引いておく必要がある。

ともあれ、ドイツの市民は、ウクライナ戦争への連邦政府の対応を全般的に「適切」と見ていた（表3）。

二〇二二年五月二十七日付のFAZ紙は、月例世論調査の表題に「新たな模範『闘う平和』」を掲げた。[*11] 一九八四年当時、西独の五四％（三十歳未満では六七％）が平和運動を支持、「軍縮では、まず一方が始めてのみ進展が起こりうる」という見解への賛同は八〇年代を通じて一貫して高まったが（一九八一年三三％、一九八三年四六％、一九八五年四七％、一九八九年五九％）、ロシアのウクライナ侵略を受けて、その数値は三〇％に急落した。実際、ウクライナ戦争を背景に、「攻撃された場合、自分の国と自由をあらゆる手段を使って守る用意がなければならない」（五七％）が、「他国に征服されるとしても、平和に生きられることが重要だ」（二二％）を大きく引き離している。そして、ロシアの侵略を防ぐ最善の方法は、自国の軍事力強化による抑止だとする意見は、一九

〈表1〉連邦政府の新たな軍事政策への賛否（%）

	賛成	反対
連邦軍向けの1000億ユーロ特別基金の起債	65	27
ウクライナへの武器供給	61	21
GDP 2％への防衛費の増額	69	19

〈表2〉対ロシア制裁を行う覚悟（%）

	賛成	反対
エネルギー供給に障害が出ても制裁すべきだ	68	25
エネルギー価格や生活費が上がっても制裁すべきだ	66	26
ドイツ企業が不利を被っても制裁すべきだ	65	2

〈表3〉ウクライナ戦争に対するドイツ政府の対応についての評価（%）

放送日	3/3	4/7	4/28
過剰だ	14	11	15
適切だ	53	37	36
不十分だ	27	45	41

八九年の三八％（西独のみ）から五六％に増大した。特に90年連合／緑の党の支持者においては、一方的軍縮への支持が七七％から三五％に激減し、ロシアに対する抑止への支持が六％から六二％に激増した。

ＦＡＺの調査でも、多数がＮＡＴＯ加盟を肯定していることを確認できる。安全保障のためにＮＡＴＯに加盟していることが重要だとする意見は、二〇〇一年六九％、二〇一一年五八％から八六％に跳ね上がり、同盟義務を履行することへの賛同も、二〇二二年一月の四四％から五八％に増大した。もっとも、より細かく見てみると、東西の間でウクライナ戦争への見方や安全保障観でかなりの隔たりがあることが分かる（表4）。ウクライナに重火器を供与すべきかについて、西独では相対多数（四一％）が賛成であるが、東独では圧倒的多数（七〇％）が反対である。

その後、ＡＲＤの世論調査では、ウクライナへの武器供与が不十分だという意見が収まった反面、戦争の長期化に伴い、政府の外交努力が足りないという意見も増えた（表5）。

ウクライナ戦争は、ドイツにおける核兵器反対の世論も大きく揺さぶった。六月二日のＡＲＤ調査報道番組によると、ドイツに置かれている米国の核兵器についての意見は、「現状維持」四〇％、「増強」一一％、「撤去」三九％であった。[*12] また、ドイツが欧州の枠内で、自前の核兵器を持つべきかについては「賛成」二〇％、「反対」七七％であった。それまでドイツ世論の多数派は、米国の核の撤去を求めていた。前年六月九日に公表されたミュンヒェン安全保障会議のレポートによれば、ドイツ内での核兵器の存在に賛同するのは一四％にすぎず、五七％が撤去を望んでいたのである。[*13] このように核兵器肯定になびく世論に対し、国際反核法律家協会（ＩＡＬＡＮＡ）ドイツ支部は、核共有が核拡散防止条約（ＮＰＴ）に違反することや、そもそも核弾道ミサイルを搭載した原子力潜水艦の存在が、軍事基地における核兵器配備を時代遅れにしていることなどの広報に努めている。[*14]

また、徴兵制については、連邦軍内部での極右傾向が露わになった二〇一八年、社会との風通しをよくするために再導入が議論されたことがある。同年八月十五日付ＦＡＺ紙では、徴兵制の再導入に「賛成」三二％、「反

〈表4〉ウクライナ戦争・安全保障政策に関する東西間の違い（%）

	西	東
ロシアの攻撃を防ぐのは、自国の軍事力による抑止だ	62	30
ロシアの攻撃を防ぐのは、NATO 部隊の強化だ	58	29
ロシアの攻撃を防ぐのは、侵略の場合同盟義務を履行することだ	63	36
自国の安全を守るためにドイツがNATO 加盟国であるのは重要だ	91	62
ドイツはあらゆる軍事同盟から退くべきだ	16	37
ウクライナに武器を供与すべきだ	55	21
出来るだけ早く良好な対ロシア関係を再び築くよう努力すべきだ	31	57

〈表5〉ドイツのウクライナ政策に関する評価（%）

放送日	4/28	6/2	8/4	11/3（西／東）
ウクライナへの武器支援				
不十分だ	31	29	23	21（23／15）
適度だ	35	42	39	41（43／32）
過剰だ	27	23	32	30（26／44）
ロシアへの制裁措置				
不十分だ	45	41	37	37（40／25）
適度だ	34	37	34	31（30／33）
過剰だ	14	15	21	23（19／35）
戦争終結のための外交努力				
不十分だ	42	41	−	55（53／63）
適度だ	21	43	−	31（34／21）
過剰だ	6	8	−	4　（4／7）

対」四五％、「わからない」二三％という意見分布であった。[*15]「徴兵制の停止は正しかったか」という問いに肯定したのは、二〇一一年当時は五〇％だったのが、二〇一八年には四三％に低下している。

ウクライナ戦争の開始を受けて、週刊誌『フォークス』二〇二二年三月五日号の世論調査では、徴兵制再導入に四七％が賛成、三四％が反対している（一九％が「わからない」・無回答）。またハンブルクのオパショフスキ未来研究所は同月、ボランティア社会年の義務化に六六％（十四～二十四歳でも五九％）が賛成したと伝えている。[*16]

3　平和運動の困難

「武器なしに平和を創る」は、ドイツ平和運動の伝統的スローガンである。一九八九年東独「平和革命」の成功は、この非暴力主義の所産である。

しかし、ウクライナ侵略戦争に反対し平和を求める声は、「武器なしに平和を創る」に、「より多くの武器で平和を創る」が対峙することになった。四月十五～十八日に行われた復活祭平和行進の最中、ロベルト・ハーベック副首相兼経済相（90年連合／緑の党）が「平和主義は目下はるかな夢だ」、「私にとって、傍観することはより大きな罪だ」と切って捨てれば、アレクサンダー・グラーフ・ラムスドルフ連邦議会議員（ＦＤＰ）は平和運動を「プーチンの第五列」と攻撃した。ショルツ首相もデュッセルドルフのメーデー集会で、「私は平和主義を尊重するが、ウクライナの市民はプーチンの侵略に対し、武器なしで自分を守れと言われたら冷笑的に聞こえるに違いない」とし、「武器なしに平和を創る」を「時代錯誤」と難じた。

知識人の間では四月二十九日、フェミニスト文筆家のアリス・シュヴァルツァーら二八人が、ウクライナへの重火器供与に反対するショルツ首相宛の公開書簡を発表した。[*17] それは、「この戦争が核戦争にエスカレートする危険を甘受してはならない」ことと、「ウクライナ民間人の人命のさらなる『コスト』への道義的責任」から、首相が「本来の立場に立ち戻り、直接的にも間接的にもさらなる重火器をウクライナに送らないよう希望する。反対に、できるだけ速やかに停戦、双方が容認できる妥協点にたどりつけるあらゆる努力をするよう大至急お願いする」と綴っている。

他方、元ブレーメン副市長（90年連合／緑の党）の作家ラルフ・フュクスら五七人は五月四日、ウクライナへの迅速な重火器供与を支持する首相宛の公開書簡を公表した。[*18] そこでは、「『防御用』・『攻撃用』兵器の違いが素材の問題でないことを認識するのに、特に軍事的鑑定書は必要ない」、「ロシアの侵略戦争の成功を阻止することは、ドイツの利益になる」、「彼ら〔ロシア指導部〕が恐れているのは、隣国での民主的覚醒だ」、「核戦争の脅しは、ロシアの心理戦の一部」で「核戦争の危険は、クレムリンへの譲歩で払いのけられない」といった強い調子の言葉が並んでいる。

二〇一四年、ロシアのクリミア半島併合やイスラム国の台頭を背景に、ドイツで平和主義があたかも不作為であるかのような風潮が広まったことに危機感を覚えて、これを擁護する論集を出版したマルゴット・ケースマンとコンスタンティン・ヴェッカーは、ロシアのウクライナ侵略を受けて改訂版を刊行した。[*19] その副題は、「なぜ我々にとって平和主義が焦眉の必要であり続けるのか」から「平和主義の持続力について」に変更されている。

改訂版には、シュテファン・ツヴァイク『昨日の世界』の古典的一節もあれば、テュービンゲン（バーデン＝ヴュルテンベルク州）で「平和の文化協会」を立ち上げたヘニング・ツィーロックの「平和のマニフェスト」、ロルフ・ヴィシュナート元ベルリン＝ブランデンブルク＝シュレージエン・オーバーラウジッツ福音主義教会総地区長とマティアス・クレック・ボン大学教授による「イエスなら何と言うだろうか？」などのアクチュアルな文章が収録されている。

しかしながら、メディア報道でも福音主義教会内部でも、「武器なしに平和を創る」は、ロシアの不正義を追認するかのように受け取られて旗色が悪い。[20] 三月二十二日に始まったオンライン署名「民主主義と社会国家を守ろう」は、五万筆で頭打ちになっている。[21] 七月二日、ベルリンでの「非軍事の時代の転換」というデモは、参加者が四〇〇〇人にとどまった。そうしたなかで、ロシア、ウクライナ、ベラルーシにおける軍務拒否者や脱走兵への支援は、今のところウクライナ戦争での平和主義的取り組みの数少ない成果と言える。[22]

五月二十七日のFAZ世論調査によれば、ドイツの市民は「武器なしに平和を創る」というスローガンについて（複数回答）、「自分の希望を表現している」五一％、「理想主義的で実現できない」五〇％、「皆が望めば実現できる」四六％、「唯一の理性的解決法だ」四三％、「知性ではなく感情に訴えかけている」四一％と、やはりアンビヴァレントな思いを抱いている。

4　先行きへの不安と極右の便乗

西独で反核平和運動が高揚していたころ、プロテスタント神学者のドロテー・ゼレは、「軍拡は戦争がなくても人を殺す」と喝破した。[23] そこには、戦争（準備）政策が福祉予算の切り捨てを強要し、本来国家が手を差し伸べるべき人たちの命が脅かされるという意味と、ミリタリズムに支配された文化が、学問・テクノロジー・経済の諸分野で全体主義的傾向を強くし、国内の抑圧、民主主義の解体をもたらすという意味が込められている。

ゼレのこの見地は、平和学における「平和」概念と重なる。一般に「平和」の対概念は「戦争」と目されるが、平和学ではこれを「暴力」と定義する。一九六九年の論文で、「平和」概念のコペルニクス的転回を刻印したノルウェーの平和学者ヨハン・ガルトゥングによれば、「暴力」とは各人の能力の全面的開花を阻害する諸要素を意味する。[24] 彼は戦争やテロ、内戦を「直接的暴力」、それがない状態を「消極的平和」と呼び、飢餓、貧困、差別など、社会構造に埋め込まれた暴力を「構造的暴力」、それがミニマムになる状況を「積極的平和」と名づけた。さらに後年は、暴力を容認・肯定する態度を指す「文化的暴力」の概念を付け加えた。平和学とは、この「暴力の三角形」を克服し、人類生存のみならず人間性の実現、さらには環境・気候正義を志向する学問である。

ゼレの論集が刊行された一九八〇年代に比べ、新自由主義が進んだ今日のドイツでは、貧富の格差が甚だしく拡大し、貧困が深刻化している。二〇二一年五月十二日に閣議決定した連邦政府第六次「貧困報告書」によれば、ドイツには三七％の中間層に対し、一〇・五％の中間やや下層、五・九％の不安定層、九・九％の貧困〜中間層、一一％の貧困層が存在し、一〇％の最富裕層が全純資産の六四％を占めている。[*25] 社会的上昇の機会は失われ、五年後も貧困のままでいる確率は、一九八〇年代末の四〇％から七〇％に伸びた。回答者の六七％は「誰もが貧困に見舞われうる」と思い、三〇％が「裕福な両親を持たなければ豊かになれない」と考えている。

二〇二二年六月二十九日、対等福祉連盟が公表した「貧困報告書」では、パンデミックとインフレの間にあって、前年ドイツの貧困人口は一三八〇万人（一六・六％）と、コロナ危機以前より六〇万人増え、最悪の数値を更新した。[*26] こうした状況を考えれば、「軍拡が人を殺す」度合いは往時より格段に高く、メーデー中央集会でライナー・ホフマン労働総同盟（ＤＧＢ）議長が、社会国家を犠牲にする軍事化と大軍拡に反対したのも、十分理由のあることである。

連邦議会で連邦軍向けの「特別基金」創設が決議される六月三日、ｔａｚ紙は一面トップに、一〇〇〇億ユーロあれば、一年間正当な報酬を受ける介護職五〇万人分（二七五億ユーロ）、小学校一〇〇校の新改築（三〇億ユーロ）、風力発電所一万か所（三二〇億ユーロ）、七五平方メートルの住宅一〇万戸（三〇〇億ユーロ）、近郊電車・バス・市電に一か月乗り放題の九ユーロチケットの一年間全員給付（七五億ユーロ）をすべて賄えるというイラストを掲載した（図２）。その下の「高い場当たり主義」と題した論説記事は、連邦軍の問題は財政面ではなく、非効率な調達システムなどの組織面にあると指摘し、「武器だらけの世界にあって、軍縮条約と軍備管理が今まで以上に必要だ」と結んでいる。

〈図2〉 2022 年 6 月 3 日 taz 紙の一面
© taz 2022

ウクライナ戦争の余波であるインフレは、ドイツでは前年比で、二〇二二年七月＋七・五％、八月＋七・九％、九月＋一〇％、十月＋一〇・四％と推移した。*27 欧州委員会がまとめたところでは、ドイツの十月のインフレ率は平均（一〇・七％）を若干上回る一一・六％であるが、*28 いずれにせよドイツの市民は、先行きに大きな不安を抱えている。十一月七日に公表されたＡＲＤの世論調査によれば、六六％が「物価が高騰して、もはや支払いができなくなる」、六一％が「エネルギー価格のせいで路上での騒動や暴力沙汰になりかねない」、五七％が「ウクライナ戦争に直接巻き込まれるかもしれない」と答えている。*29 また、ドイツでの社会的団結について、「非常に悪い」一六％、「どちらかと言えば悪い」四八％、「どちらかと言えば良い」三二％、「非常に良い」一％と、三分の二が否定的に評価している。

こうした国民感情に便乗しているのが、極右政党「ドイツのための選択肢」（ＡｆＤ）である。本来であれば、反戦平和と社会的公正を求める声は、左翼政党や社会団体から上がるのが通り相場だが、今回は侵略国がロシアであること、現在の政権が左派寄りであること、左翼党が内紛から党勢を低下させていることから、九月五日を皮切りに同党が呼びかけた「月曜デモ」は、「まず我が国を」を叫ぶＡｆＤに実質的に乗っ取られた。党内最右翼のビョルン・ヘッケ・テューリンゲン州議会ＡｆＤ議員団長が四月二十七日、平和の鳩のイラスト付きで、ドイツ平和運動の伝統的スローガン「武器なしに平和を創る」をファイスブックとツイッターに投稿すれば、ティノ・クルパラ共同代表は五月十六日の記者会見で、ＡｆＤが「ドイツで唯一の平和の党だ」とうそぶいた。

ナショナリスティックで権威主義・家父長主義のＡｆＤが、平和主義的なはずがない。だが、同党の一見「面倒見の良さ」や、親ロシア的な態度は、旧体制時代以来ソ連＝ロシアと緊密な経済関係を持つ東独でさらに支持を伸ばした。実際ＡＲＤの世論調査では、ロシアからのガス・石油の即時輸入停止について、三月十八日は「賛成」四四％、「反対」四五％、四月七日は「賛成」五〇％、「反対」四二％と分かれていたが、ＡｆＤ支持者に関しては「反対」が八五％、七七％と圧倒的であった。ほかにも、前出の表4で示したように、ウクライナ戦争についての立ち位置は東西ではっきりと分かれていた。

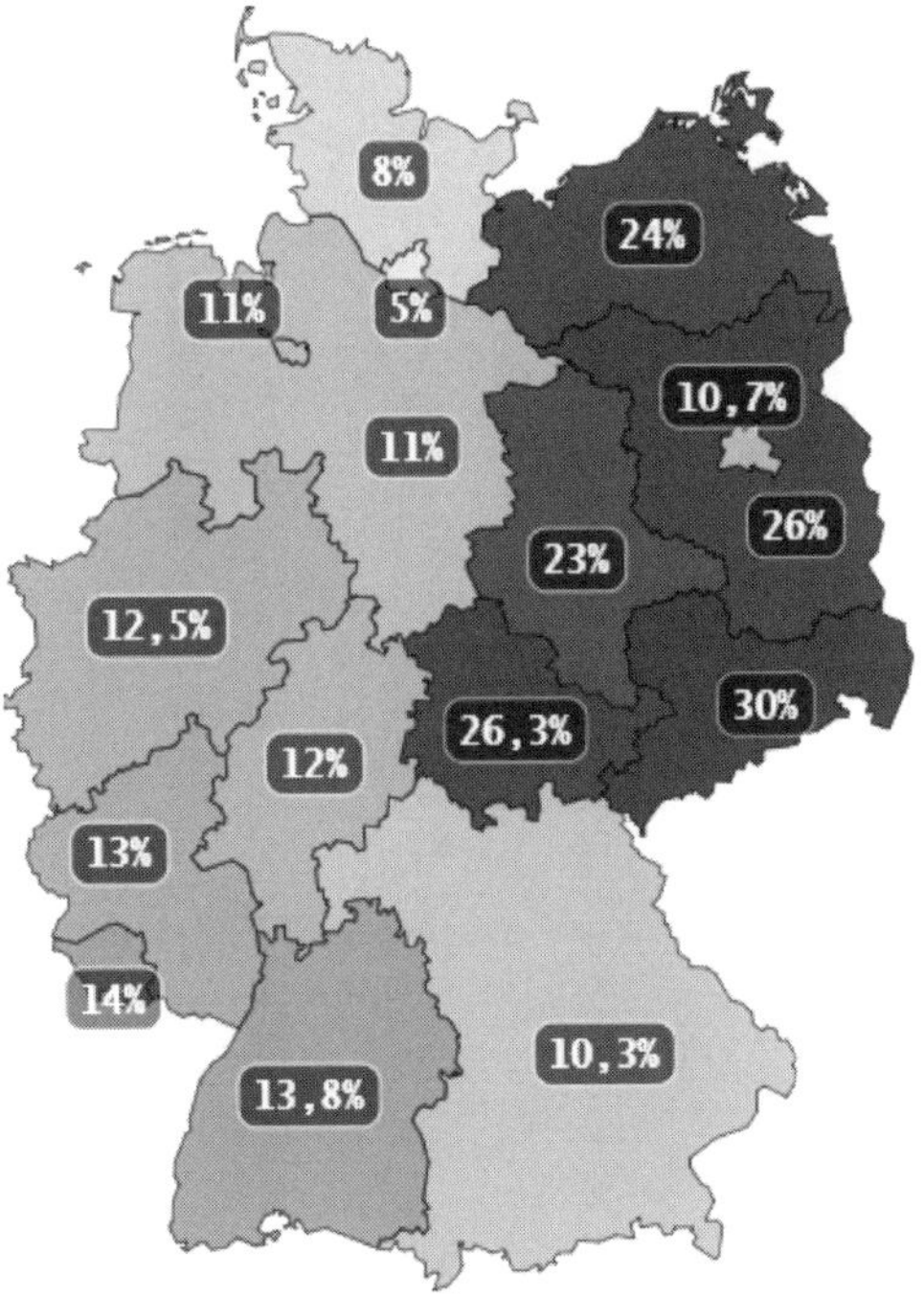

〈図3〉AfD の州別支持率（2022 年 11 月末）

こうしてＡｆＤの支持率はドイツ全土で一三・八％と、二〇二一年総選挙での得票率（一〇・三％）から顕著に前進している。特に東独で二二・九％、なかでもザクセン州では三〇％、テューリンゲン州では二六・三％にも達している（図3）。[*30]
このような極右の膨張を食い止めるには、社会政策だけでは不十分である。というのも、米国のトランプ支持者らが政治意識・社会意識の高いリベラル系を揶揄・攻撃する"Wokeness"という言葉がドイツにまで移入され、ポリティカル・コレクトネスをめぐる文化闘争が展開されているからである。保守のＣＤＵ／ＣＳＵが右翼ポピュリズムに走ってしまうと、ドイツのみならず欧州の民主主義は重大な岐路に立たされることになる。

5　日独軍事提携へ？

二〇二二年、ドイツはG7議長国として西側世界のまとめ役を担った。四月二十八日には、ショルツ首相が日本を訪れた。アンゲラ・メルケル前首相時代の訪日は、訪中のついでという感が強かったが、今回の訪問は明らかにロシアと中国に対抗する行動である。

ドイツは前政権時代の二〇一九年四月、フランスと共同で「多極主義のための同盟」を立ち上げ、二〇二一年五月十九日には「多極主義白書」を閣議決定していた。またその間、二〇二〇年九月一日には、「インド太平洋ガイドライン」を閣議決定している。[*31] 背景に、中国・ロシアを見据えたNATOのグローバル戦略が存在することは言うまでもない。

G7議長国としてドイツは、「自由、民主主義、人権」という西側の価値を強調している。問題は、それが冷戦時代の「赤《ロート》より死《トート》を」張りの独善的姿勢や、西側の自己欺瞞的な二重基準の等閑視に繋がりかねない点である。[*32] 何より盟主・米国は「好戦の共和国」で、[*33]「初めて他国に軍事介入した一八〇一年から今日までに二四八件の軍事介入を行った。第二次世界大戦以後、三七か国で二〇〇〇万人以上を殺害した」[*34]。軍事費にしても、ストックホルム国際平和研究所（SIPRI）が二〇二二年四月二十五日に公表した報告書では、前年米国は八〇一〇億ドル、NATO加盟国全体では一兆一七五〇億ドル（うちドイツは五六〇億ドル）を軍事に支出し、ロシア（六五九億ドル）をはるかに上回っている。また、二〇〇一年十二月十三日、米国の弾道弾迎撃ミサイル制限条約（ABM条約、一九七二年五月二十六日署名）からの脱退通告、ヨーロッパ通常戦力条約（CFE条約、一九九〇年十一月十九日署名）のNATO諸国の未批准、二〇一八年十月二十日、トランプ米大統領による中距離核戦

〈表6〉「2012年体制」下日本の軍事化

2013年	「秘密保護法」
2014年	武器輸出原則解禁、集団的自衛権行使容認の閣議決定
2015年	安保法制（「戦争法」）
2016年	核兵器、生物・化学兵器の保有・使用は「合憲」との閣議決定
2017年	「教育勅語」・ヒトラー『わが闘争』の教材使用を認める閣議決定、「共謀罪」
2020年	日本学術会議の会員任命拒否
2021年	重要土地利用規制法
2022年	経済安全保障法、国際卓越研究大学法、「安保関連3文書」閣議決定

力全廃条約（INF条約、一九八七年十二月八日署名）の破棄表明や、「対テロ戦争」、「人道的介入」など、西側による国際規範の瞞着もおびただしい。さらに、その民主主義自体も、新自由主義体制の下、一握りの政財界代表による政治で空洞化し、「ポスト・デモクラシー」状況に陥っている。*35

五四一億ドルと世界第九位の軍事大国・日本は、G7の一角を占めながら、建前としてさえ「自由、民主主義、人権」の価値を共有するのかきわめて疑わしい。「二〇一二年体制」の下、この国の軍事費は第二次安倍政権発足後十一年連続で増大し、九年連続で過去最高を更新、各種の戦争準備政策が強行されている（表6）。特に平和学の立場から許容できないのは、それを正当化する「積極的平和主義」という詐欺的概念である。事実、その公式英訳は、Pacifism とは何の関わりもない Proactive Contributions to Peace であり、内容的にも『国防の本義と其強化の提唱』（一九三四年陸軍発行）に記された「国防力の積極的発動」と大差ない。

歴史の歪曲と表裏一体で進む軍事化の下で、立憲主義は空洞化し、言論の自由をはじめとする市民的自由と民生の水準は後退に後退を重ねている。その軍拡政策は、「反撃能力」（敵基地攻撃能力）保有のため、米国製の長距離巡航ミサイル「トマホーク」の購入を企図するなど、無定見で常軌を逸した次元に突入しつつある。日本を「民主主義対専制主義」の単純な構図に置くことは、そうした問題性を覆い隠すだけでなく、「アジアで唯一のG7メンバー」のレイシズムを増長させるであろう。[*36]

二〇一四年七月二日、安倍晋三内閣による集団的自衛権行使容認の閣議決定を「明確に歓迎」し、二〇一五年九月十八日、いわゆる「戦争法」の強行採決にも「日本の安全保障政策上の役割の拡大自体は全く歓迎すべきもの」と評価したドイツ政府と日本政府は、二〇二一年四月十三日、初めての外務・防衛担当閣僚協議（2プラス2）をオンラインで開催、翌年十一月三日には、外相は対面、防衛相はオンラインで第二回協議を行った。両国は、自衛隊と独軍の間で燃料や弾薬を相互に融通するための協定交渉開始に向け調整を行い、翌年以降の共同訓練や独軍部隊の訪日も検討する。日独2プラス2は今後年一回開催するという。

おわりに

「狂気は個人にあっては稀有なことである。しかし、集団・党派・民族・時代にあっては通例である。[*37]」

新自由主義の下での貧富の格差拡大と貧困の深刻化、気候危機、軍事支出が総額二兆ドルを突破した世界の軍事化、ウクライナ戦争、エネルギー危機、食糧危機という現下の世界情勢に照らして、ニーチェの警句は、それが書かれた一八八六年以上に切実に響く。

ウクライナ戦争を機にNATOや日本が進めようとしている大軍拡は、世界の平和と安全に本当に寄与するのだろうか。西側の「価値」は闘争手段に転化し、各国で社会福祉、言論の自由、何よりも人類愛の思想を阻害することにならないだろうか。

ショルツ首相は「時代の転換」を語ったが、その実像は、十九世紀的なパワーポリティクス、「力には力」の論理への回帰にすぎないのではないのか。強者が幅を利かせる政治は、必然的に報復の連鎖を呼ぶ。真に「時代の転換」と呼べるのは、家父長的な支配構造が、強欲・暴力・権力乱用を通じて世界を戦争・危機・不公正だらけにしたのだから、パワー・軍事力の誇示・行使に、和平交渉における調停、フェミニスティックな権力分析、気候正義を対置して、これまで主に西側の白人年輩男性が規定してきた国際関係の理論と実践をパラダイム転換させるという「フェミニズム外交」が確立した時なのではないか。[*38]

第一次世界大戦が始まった欧州では、ナショナリズムの前に平和の福音がかき消され、エキュメニズム運動の祖で、一九三〇年にノーベル平和賞を受賞することになるスウェーデン国教会のナータン・セーデルブロムが一九一四年九月、ウプサラから欧州のキリスト教責任者に発した平和の呼びかけは、何ら反響を呼ばなかった。往時に比べれば、教会が国家に従って「正義の戦争」を呼びかけ、神の名で暴力を正当化することはなくなったように見える。二〇二二年八月三十一日〜九月八日、ドイツのカールスルーエ（バーデン＝ヴュルテンベルク州）で、ロシア正教会を含む世界約三五〇のキリスト教諸宗派、四〇〇〇人余りの参加者を得て開かれた世界教会協議会（ＷＣＣ）総会は、ウクライナ戦争を「不法で正当化できない」と断罪した。

戦争はあらゆる理性の終焉であり、エキュメニカル運動は、平和の名において、人権擁護の明確な立場に立たなければならないとされる。[*39]東アジアは、世界の軍事大国一〇傑のうち三か国がひしめく「火薬庫」であり、「敵より強くなければならない」という強迫観念はその暴発を引き起こしかねない。それを食い止めるのは、世代と国境を越えた市民社会の連携以外にない。

注

1　詳細は拙稿「『制服を着た市民』の終焉？――国外派兵常態化のドイツ」『富坂キリスト教センター紀要』第一二号（二〇二二年三月）所収参照。

2　拙稿「『武力信仰』克服を阻害するＮＡＴＯとＡＭＰＯ」伊藤誠・本山美彦編『危機からの脱出――変革への提言』御茶の水書房、二〇一〇年参照。

3 https://de.statista.com/statistik/daten/studie/183064/umfrage/militaerausgaben-von-deutschland/

4 ドイツがウクライナに供与した武器は、下記ＵＲＬの一覧を参照。https://www.bundesregierung.de/breg-de/themen/krieg-in-der-ukraine/lieferungen-ukraine-2054514

5 https://www.fes.de/index.php?eID=dumpFile&t=f&f=75010&token=70fdeac838fa69b928ee58a8c47cf6f046e2dc15 Vgl. https://augengeradeaus.net/2022/06/dokumentation-klingbeil-rede-militaerische-gewalt-ist-legitimes-mittel-der-politik/

6 https://www.bmvg.de/de/aktuelles/grundsatzrede-zur-sicherheitsstrategie-5494864

7 http://www.bits.de/public/articles/tagesspiegel/20100228-lang.htm

8 https://reachingcriticalwill.org/images/documents/Disarmament-fora/nuclear-weapon-ban/1msp/statements/22June_Germany.pdf Vgl. https://www.ohne-ruestung-leben.de/nachrichten/article/erste-staatenkonferenz-zum-un-atomwaffenverbotsvertrag-trifft-wichtige-beschluesse-510.html

9 https://www.waz.de/politik/ukraine-krieg-bundeswehr-deutschland-soldaten-interesse-id235348487.html

10 https://www.mdr.de/nachrichten/deutschland/gesellschaft/bundeswehr-kriegsdienst-verweigerer-wehrpflicht-100.html#:~:text=Fest%20steht%3A%20Seit%20dem%20Kriegsausbruch,rund%20330%20solcher%20Antr%C3%A4ge%20eingegangen.

11 Vgl. https://www.ifd-allensbach.de/fileadmin/kurzberichte_dokumentationen/FAZ_Mai2022_WehrhafterFrieden.pdf

12 https://daserste.ndr.de/panorama/archiv/2022/Sicherheit-Brauchen-wir-Atomwaffen,atombombe112.html

13 https://securityconference.org/assets/02_Dokumente/01_Publikationen/MunichSecurityReport2021.pdf

14 https://www.ialana.de/arbeitsfelder/abc-waffen/atomwaffen-sperrvertrag/stationierung-in-deutschland

15 Vgl. https://www.ifd-allensbach.de/fileadmin/kurzberichte_dokumentationen/FAZ_August2018_Bundeswehr.pdf

16 https://www.news4teachers.de/2022/04/umfrage-gros-der-deutschen-auch-der-jugendlichen-befuerworten-soziales-pflichtjahr/

17 https://www.emma.de/artikel/offener-brief-bundeskanzler-scholz-339463 このうち作家カティア・ランゲ＝ミュラーは、エストニア訪問後の五月四日、「誤り」だったとして署名を撤回した。

18 https://www.zeit.de/2022/19/waffenlieferung-ukraine-offener-brief-olaf-scholz

19 初版の邦訳はマルゴット・ケースマン／コンスタンティン・ヴェッカー編、木戸衛一訳『なぜ〈平和主義〉にこだわるのか』いのちのことば社、二〇一六年。改訂版はMargot Käßmann/Konstantin Wecker (Hg.), Entrüstet euch! Von der bleibenden Kraft des Pazifismus, bene! Verlag 2022.

20 https://www.mdr.de/religion/ukraine-krieg-pazifismus-kirche-friedrich-kramer-interview-100.html#:~:text=Friedrich%20Kramer%20ist%20Landesbischof%20der,der%20Evangelischen%20Kirche%20in%20Deutschland

21 https://derappell.de/

22 https://www.idk-info.net/

23 ドロテー・ゼレ著、山下慶親訳『軍拡は戦争がなくても人を殺す』日本ＹＭＣＡ同盟出版部、一九八五年。原著は一九八二年。

24 たとえば、木戸衛一・藤田明史・小林公司訳『ガルトゥングの平和理論——グローバル化と平和創造』法律文化社、二〇〇六年参照。

25 https://www.armuts-und-reichtumsbericht.de/SharedDocs/Downloads/Berichte/sechster-armuts-reichtumsbericht.pdf?_blob=publicationFile&v=6

26 https://www.der-paritaetische.de/fileadmin/user_upload/Schwerpunkte/Armutsbericht/doc/broschuere_armutsbericht-2022_web.pdf

27 https://de.statista.com/statistik/daten/studie/1045/umfrage/inflationsrate-in-deutschland-veraenderung-des-verbraucherpreisindexes-zum-vorjahresmonat/

28 https://ec.europa.eu/eurostat/web/products-euro-indicators/-/2-31102022-ap

29 https://www.tagesschau.de/inland/gesellschaft/themenwoche-113.html

30 https://dawum.de/AfD/

31 前掲『富坂キリスト教センター紀要』所収拙稿参照。

32 実際、ロシアがウクライナ東・南部四州で実施した「住民投票」とロシアへの併合を違法であり無効だとする非難決議を過去最多の一四三か国が賛成した十月十二日の国連総会でも、中国、インド、キューバなど三五か国が棄権している事実は軽視できない。

33 油井大三郎『好戦の共和国アメリカ——戦争の記憶をたどる』岩波新書、二〇〇八年。

34 ヨハン・ガルトゥング著、御立英史訳『日本人のための平和論』ダイヤモンド社、二〇一七年、二八頁。

35 コリン・クラウチ著、山口二郎監修／近藤隆文訳『ポスト・デモクラシー——格差拡大の政策を生む政治構造』青灯社、二〇〇七年。

36 ドイツ語圏の読者に注意を喚起した拙稿は https://www.imi-online.de/download/IMI-Analyse2022-55-Japan-web.pdf

37 フリードリヒ・ニーチェ著、木場深定訳『善悪の彼岸』岩波文庫、二〇一〇年、一四一頁。

38 Vgl. Kristina Lunz, Die Zukunft der Außenpolitik ist feministisch: Wie globale Krisen gelöst werden müssen, Berlin: Econ, 2022.

39 ケースマン／ヴェッカー編、前掲書、一四五頁。

北欧における良心的兵訳拒否の歴史と現状

クリスチャン・モリモト・ヘアマンセン

二〇一七年十二月九日、デンマークの日刊『キリスト教新聞』(Kristeligt Dagblad) は、こんな見出しをつけた。「良心的兵役拒否法一〇〇年目。四九一人の牧師が軍事徴兵の良心的拒否を合法にしたとき」。確かに一九一七年、イギリスに次いで世界の二番目の国として、デンマークは良心的兵役拒否を合法化した。そのひとつに、平和主義のキリスト教徒からの圧力があったことは事実である。しかし、それが真実のすべてではない。まず、一九一七年に公布された法律の正式名称は、「非軍事的な仕事を通じて国家を守る義務を果たすことに関する法」である。つまり、デンマークの男性は武器を持つことを拒否しても、徴兵としての義務を果たさなければならなかったのである。

本稿では、デンマークと他の北欧諸国(ノルウェー、スウェーデン、フィンランド)における良心的兵役拒否を論じる。アイスランドは軍隊を持たないので論じない。アイスランド以外の四か国の各憲法は、すべての国民が自国の防衛に参加しなければならないと定めている。そのため各国には徴兵制があり、参加を完全に拒否する者は懲役刑に処される。まずは、デンマークの徴兵制の歴史を概観し、兵役拒否を希望する男性を思いとどまらせようとした当局の努力を示す内容に焦点を当てたい。本論後半では二十一世紀現在の北欧各国の制度と良心的拒否者の扱いについて概観する。最後に、二〇二二年二月二十四日のロシアのウクライナ侵攻に伴う北欧での軍備増強に対して教会がどのように反応するかについて大まかな考察を紹介したい。

1　デンマークの憲法と徴兵制の背景

日本史に詳しい方なら、飛鳥・奈良時代の大宝律令の兵役制度では、土地単位で兵を出し、必要な装備を税制の一部として負担していたことを読んだ記憶があるだろう。スカンディナヴィアでは、同じような制度があった。七〇〇年から一〇〇〇年までの時代をヴァイキング時代と呼ぶ。そのころ、たとえばデンマークの王たちが九〇〇〜一〇〇〇年にイングランドに戦争を仕掛けたとき、領内の自由民から提供された艦隊を指揮した。また自分の領土を防衛するときには、自由民も奴隷も戦闘に参加させた。

一〇〇〇年から一七五〇年までの間、王は貴族や傭兵を頼りにして国内外で戦争した。ただし、一六〇〇年ごろからは傭兵はコストがかかるため、より低コストで地域を防衛するために徴兵制度が発達するようになる。すべての男性は、生まれたときに「防衛帳」に登録される。成人になると、体力のある者は兵士の訓練を受けさせられた。特に農民と漁民と船乗りの息子たちは、それぞれ陸軍と海軍に徴兵され、国内では国の防衛、海外ではデンマークの商船または植民地など国益を守らされた。都市に生まれた男性は、その都市の防衛に参加することになり、貴族の息子の多くは陸軍や海軍の士官となった。身分を問わず裕福な家庭であれば、お金を払って兵役を免れることができたが、それ以外の者は兵役を免れようとすれば罰せられた。この制度をうまく機能させるために、地方で生まれた一般の男性は兵役義務の年齢が過ぎるまで（時代によって異なるが、三十五〜四十歳くらい）、登録された場所に住み、仕事をするよう強制された。この制度は一七八八年に廃止されたが、農民男性の兵役義務は一八四九年まで続いた。

原則的にはすべての男性が兵役に就かなければならなかったが、国王はその例外を認めることができた。デンマークは一五三六年の国王の決定以来、国教はルター派のキリスト教会であり、国王の許可がないかぎりデンマーク人はルター派でなければならなかった。たとえば、一八二一年、クェーカー教徒のトーマス・シリトーがデンマークを訪れたとき、国王は例外を認めた。それは、クェーカー教徒がデンマークに来て働くことを国王が望んだからで、そのためには徴兵制を免除してほしいというシリトーの要求を受け入れたのである。

一八三〇年の第二次フランス革命はデンマークの民主化への追い風となった。その結果、徴兵法の抜本的な見直しと憲法の制定が行われた。徴兵法は一八四九年二月二日に、憲法は同年六月五日に施行された。フランスの影響に加え、一八四八年から一八五〇年にかけてドイツ(プロイセン)との間で起こった第一次シュレースヴィヒ＝ホルシュタイン戦争も、新法を後押ししたと考えられている。

憲法では、「すべての健常男性は、法律の定めるところにより、祖国の防衛のためにその身をもって貢献する義務を負う」(Grundloven § 95 Enhver våbenfør mand er forpligtet til med sin person at bidrage til fædrelandets forsvar efter de nærmere bestemmelser, som loven foreskriver. 現憲法では第八一条)と規定されている。第九五条は徴兵制について例外はないと明確に理解できるものであるが、第六七条と第六八条では、市民の信仰の自由を保障している。そして第七九条(現七〇条)は「何人も、その宗教または世系により、市民的および政治的権利の完全な享有または一般市民としての義務の遂行を奪われることはない」と定めている。したがって、憲法は差別も非市民的な行動も許さない。しかし、後に起こった良心的兵役拒否の議論において、憲法の規定に含まれている矛盾が課題となった。

憲法より先にできた徴兵に関する法律では、男性は十四歳の堅信礼を受けてから、またルーテル教会の信者ではない男性は十五歳から、その人の「防衛帳」に登録されなければならない。二十二歳になると、セッションという兵役適正を判断する心身健康診断を受ける義務があった。身長が六一インチ(一五四・九五センチ)以上あり、懲役を科されていない場合、登録されてから十六年経過するまで兵役義務に就く。健常である男性はすべて兵役に就かなければならないが、教師や牧師は例外として免除された。もう一つ例外があった。平時は、適性検査に合格した男性全員が必要なわけではないので、兵役適性診断を受けてから、くじ引きで必要な人数を確保した。くじ番号の数が低い場合、兵役に就かなければならず、おおよそ軍のどの部門に就くかも決まっていた。ただ、「兵役」を引き当てたものの、まだどこで兵役に就くかが決まっていない場合には、くじ番号の高いものにお金を払って代役を立てることができると定められていた。

一八六四年、第二次シュレースヴィヒ＝ホルシュタイン戦争は、デンマークの敗北に終わった。領土の三分の一を失ったデンマークには経済的かつ精神的に大きな衝撃であった。このことが影響してか、一八六九年に政府は徴兵法を改正し、例外をすべて撤廃した。軍隊に関する意見は政党によって異なり、貴族や裕福な商人が支持した保守党（Højre）は軍隊に賛成したが、豊かな農民の支持する自由党（Venstre）はしばらく軍隊に反対していた。小規模農家とインテリを代表した急進自由党（Det Radikale Venstre. 以下、RVと略）は、熱心な反戦論と国際法で国境を越える問題の解決論を提唱した。たとえば、ウィゴ・ヒエルプ（Viggo Hørup 一八四一～一九〇二年）は、後に影響力のある新聞『ポリティケン』（Politiken）を一八八四年に創設した、最も有名な急進自由党の人物の一人だった。彼は国境警備のために最小限の軍隊を提唱した。大コペンハーゲンを囲む新しい環状土塁を構築する提案に対しては、ヒエルプは「何のためか」と無意味を強調した。

一八七一年、ドイツの社会民主党を母体にした社会民主党（Socialdemokratiet）が結成され、ドイツの社会民主党と同様に、国軍の廃止と、その代わりの市民防衛隊の設立を提唱した。「資本主義者の戦争で世界の労働者を犠牲にするな」などのスローガンで戦争に反対した（一八七六年の社会民主党の第一プログラムを参照）。

このような活動を踏まえて、党派を超え、「デンマークの平和と国際連盟協会」が一八八二年十一月二十八日に設立された。

これを背景にして、信仰上の理由で、信者が兵役に就きながら陸軍大臣に特別な扱いを求める申し出が二件あった。まず、一八八四年、デンマークのユダヤ人を代表するコペンハーゲン大学法学部教授のウォルフ博士が、ユダヤ人兵士が自分たちの宗教的に重要な祝日を守ることができるように、陸軍大臣と交渉した。次いで、一八九〇年代にセブンスデー・アドベンチスト教会の信者が土曜日の安息日を守ることができるように陸軍大臣と交渉したが、これは完全な許可を得ることはできなかった。陸軍大臣ができることといえば、兵役検査の前に自らの信仰を表明すれば、できるかぎり医療部や輸送部などへ派遣するようにと現場の指揮官に要請することくらいであった。決定権は指揮官にあり、そして信仰を問わず、土曜日に参加を拒否するならば監獄に入るということは変わらなかった。

2　良心的兵役拒否の誕生

以下の分析は主に、オーデンセ大学の大学院生であったスヴェン・エリック・ラーセン（Sven Erik LARSEN）の修士論文「一九一四年から一九六七年におけるデンマークの兵役拒否の課題——特に立法に関連して」（一九七七年）をもとにする。[*1]

一九〇九年に約十年間の政治的な議論を経て、デンマークの国会は防衛法を改めた。政策方針は、イギリス、フランス、ロシア、あるいは軍事的利害関係のない米国と日本、また特にドイツを苛立たせることなく、デンマークの中立性を維持することだった。軍力は国境を守るためだけにあり、国際問題は国際機関で解決するという方針があった。

新しい防衛法に従い、また、民政における新しい基準への適応のため、一九一二年に徴兵法が成立した。翌年にRVの少数党政府が成立し、一九一四年に第一次世界大戦が始まった。皮肉にも反戦の政策と小規模軍隊を求めたRVのピーター・ムンク（Peter Munch 一八七〇〜一九四八年）防衛大臣は、デンマークの中立性を主張するために国境を守らなければならず、普段より多くの兵を兵舎と砦に呼び寄せる必要があり、その結果として軍費が増えた。戦争は長引いたが、防衛のために待機するだけの兵士たちは退屈し、さらに収入が少なかったために不満が増大した。そのとき、偶然にもイギリスが一九一六年に一時的に良心的兵役拒否法を制定した。これらの国内外の条件により、イギリスと同様の法が多くの政治家と市民に受け入れられる余地ができた。さらに、以下の二つの動きがデンマークの良心的兵役拒否法の成立に影響を及ぼしたようである。

一つ目は、一九一三年にできたクリスチャン・リーグ・フォー・ピース（Kristeligt Fredsforbund）の活動である。冒頭で紹介した日刊『キリスト教新聞』の記事によれば、クリスチャン・リーグ・フォー・ピースは、「戦争と兵役は罪であり、また、キリスト教の隣人愛の教えに背く」と説いた。この主張を踏まえ、一九一七年、四九一人の牧師がデンマーク政府に兵役拒否を合法にするようという署名を提出した。*2

二つ目は若い社会主義者の影響力である。一九一四年は、デンマークにとって第二次シュレーヴィヒ＝ホルシュタイン戦争敗戦の五〇周年記念の年であった。敗戦を記念するグループもあったが、社会民主党の若者はその機会を利用して反戦運動を強めようとした。しかし、当時、第一インターナショナル以来、「労働者は資本主義の戦争には加担しない」という立場をとってきた社会民主党に大きな打撃が与えられた。ドイツの社会民主党が、ドイツ帝国の軍と軍事費を支えるためにそれまでの政策を変えたからである。その影響で、デンマークの社会民主党は、デンマークの中立性を守るために軍備が必要だと認めるようになったのである。これに対して、一九一五年にできた、徹底的反軍国主義者（Konsekvente Antimilitarister）と呼ばれる社会民主党の青年団体は、反戦の方針を守るために戦った。人数が少なかったが、メディアの注目を集めながら兵役に反対した。彼らの抵抗方法は次のようなものであった。

まず、徹底的反軍国主義者のメンバーは兵役検査に呼ばれても行かない。強制的に警官に連行され、兵役適性検査を受けさせられて、軍事刑務所に入れられるというのがお決まりのパターンだった。軍と全く関わりたくないため、刑務所ではハンガーストライキを行い、体が弱ると、病院に運ばれ、元気が出ると、また刑務所に入れられた。刑務所と病院の往復を半年ぐらい続けて、最終的に軍があきらめるという形で除隊された。軍の病院に入院させられたため、そこでもハンガーストライキを続ける者もいた。何よりもこの反対運動は市民の中で共感を得ており、政府や他の政党は、この抗議運動をなくしたかったので、良心的兵役拒否法を作ったとされている。また、この政策についての議論において徹底的反軍国主義者の反発があったが、採択されてからはその運動も消滅し、政策が成功したと言える。*3

一九一七年十二月十三日に「非軍事的な仕事で防衛義務を果たす法」(Lov om værnepligtens opfyldelse ved civilt arbejde) が採択された。第一条は「入手し得る情報に基づき、いかなる種類の兵役もその良心と相容れないと思われる徴兵者は、内務大臣が他の国家業務に使用することを条件に兵役を免除することができるが、それは軍事的目的であってはならない」と定めた。これは、いわゆる良心的兵役拒否者の法であるが、法の名前には「兵役拒否」という意味の言葉を取り込んでいない。憲法上、防衛義務 (Værnepligt) は普遍的に男性が果たさなければならないものであるというのが大前提である。

また、デンマーク語の法律の名称に使用されている'Civilt'は形容詞には「市民的」という意味もあるが、ここでは英語の'Civilian'のような「非軍事的」の意味で使われている。'Arbejde'は仕事という意味である。軍部と無関係であることを保証するために、この計画の運営は内務省の下に置かれた。軍事と関係ない仕事は多くあるが、実際与えられることには制限があった。まず、誰でもすぐできる仕事でなければならなかった。次に、民間の企業と競争にならない、政府が管理する仕事であった。そして、最後に、どこにも書かれてはいないが、退屈な労働環境でなければならないことも条件であった。

そこで良心的兵役拒否者は、「ロイヤルフォレストレンジャー」(Skovridder) の監督の下、森林キャンプの二か所のうちのいずれかで土木工事、特に石の粉砕に従事させられた。これは、最長の兵役期間より二か月長い二十か月であった。兵役よりも非軍事的働きのほうを長く定めたことは、法律ではないが、一九九〇年代まで、良心的兵役拒否者を他の徴兵よりも長期にわたって働かせて「罰する」慣行であった。例外はあっても、すべての良心的兵役拒否者は、森林で退屈な仕事と粗末な生活条件、そして非常に長い勤務期間を組み合わされており、真に良心に反していると感じた者だけが選択するように仕向けられていた。

法の施行第一期（一九一七〜一九四五年）

法律ができるまでの議論の大きな課題は、「良心的」の意味と確認方法であった。まずは、兵役拒否者の思想的理由は認められなかった。たとえば、共産主義者なので、資本主義の戦争に参加しないという理由である。認められる可能性のある理由で兵役を拒否した人たちの本心を把握するために、兵役検査を受ける四週間前に拒否する旨を担当部門に連絡しなければならないという条件ができた。その理由をもとに担当者は検査日までに、拒否者について調査した。たとえば、宗教上の理由で反戦の立場に立つと主張したならば、彼の所属する教団や指導者と連絡をとり、当人のそれまでの発言や行動を調べる。

ラーセンによると、一九一八年から一九三三年の間に、兵役拒否をする人はほとんどおらず、あるいは拒否者の中にはしばらくキャンプで時間を過ごしてから、兵役に切り替えを望む者もいたとのことである。ラーセンはその理由を二つ記している。一つは、条件が非常に厳しいものであるとわかったため。兵役拒否者の数が少ないもう一つの理由として考えられるのは、当局のデータ改竄である。兵役拒否を希望する場合、兵役検査の八週間前にその旨を報告しなければならない。兵役検査機関は希望者の理由、たとえば信仰による理由などを調査しなければならない。ここで、拒否の理由が妥当で、希望者が自らの信仰に見合う生活をしていたと考えられた場合に、兵役拒否が認められる。けれども、兵役検査で拒否者が兵役に向いていないと判断されるときには、拒否者としては記録されないのである。

ラーセンは一九二〇年代、三〇年代の検査記録を調べたが、抜けているところもあって、決定的な結論を出せなかった。最初、拒否者のキャンプをシェラン島のグリブスゴ（Gribskov）とユトランド半島のコンペダル(Kompedal)の二か所に用意したが、あまりに人数が少なかったため、コンペダルのキャンプを一九二〇年代に閉鎖したということである。

ところが、一九三三年五月二十日に施行された改訂版「良心的兵役拒否者の法」において、拒否者の奉仕時間が二十か月から十五か月に短縮されたため、兵役拒否者の人数が増えることになった。奉仕時間を短縮したのは、一九一七年以来、軍事的な兵役服務の最長期間が短縮されていたにもかかわらず、良心的兵役拒否者の服務期間が変わっていなかったからである。一九三三年当時、普通の兵役期間は、五か月間の初期訓練とその後の二度の二十八日間のブラッシュアップ訓練であった。

一九六七年に内務省の委員会は、良心的兵役拒否の歴史の調査を含む報告書を発表した。この報告書は、良心的兵役拒否者の服務期間は法律に基づくものでなかったと指摘している。服務期間はその後に、軍事的な兵役時間に合わせて調整されたが、二〇〇九年までは軍事的な兵役の最長期間よりも長くすることが原則であった。

法の施行第二期（一九四五〜一九八九年）

第二次世界大戦後、良心的兵役拒否者数が増加した。主に思想的な理由でキャンプに行くことを希望した。ユトランド半島にオクスボルキャンプ（Oksbøllejren）が新設された。ユトランド半島の西海岸にあるオクスボル村周辺には、第二次世界大戦終戦前からドイツ軍が管理するキャンプがあった。ヒトラーの命令でドイツ人の難民がデンマークに送られて、一部はこのキャンプに収容された。終戦後から一九四九年までそのままドイツ人の難民キャンプとして使われ続けた。一九四九年に難民がドイツに送り返された後、デンマーク政府はキャンプの完全な解体を望んだため、兵役拒否者がその仕事に携わった。
具体的には、二万二〇〇〇平米の馬小屋と小屋を解体して、八〇〇〇平米のレンガの建物を解体して、その約一五〇〇万個レンガを再使用できるように一個一個を手で整えること。五五キロメートルの水道と下水道を取り除き、六万平米の道と四万平米の床や基礎、そしてそれ以外の三万平米の建物を解体することであった。最後にすべてを元に戻すために、植林する仕事が拒否者の奉仕とされた。これには十年かかった。[*4]
良心的兵役拒否者としてこの作業に参加させられた一人は、平和主義者で有名な作家カール・シャンベア(Carl Scharnberg 一九三〇〜一九九五年)であった。シャンベアは自身の体験と感じた不満を「兵役拒否者キャンプか精神障がい者の病院か」という文章にまとめて、雑誌『平和主義者』(Pacifisten)に掲載した。[*5] 一九五四年から、良心的兵役拒否者の奉仕期間は二十二か月となった。タイトルからもわかるように、シャンベアはこの政策が拒否者の人生を無駄にする、とても許しがたい制度だと批判した。また、良心的兵役拒否制度の担当者たちは兵役検査の時から拒否者を「無責任な浮浪者」と言って差別的に扱っていた、と報告した。機械を使えば半日もかからない仕事を、十人に数日間でやらせる制度ではなく、ノルウェーのように拒否者が自然や人工災害の犠牲者を助けることを提案したが、制度側はそれを拒否した、とシャンベアは主張した。そしてキャンプの状況を以下のように描いた。

想像してみるがいい。比較的に広く清潔な部屋には、八つの整理ダンスと四台二段ベッドがあり、部屋の真ん中にあるテーブルといくつかの椅子やスツールを囲んでいる。部屋の住民は二十〜二十五歳の若者八人である。信仰深い人々、信仰はそれぞれ異なる。まずは、エホバの証人の信者が二人。大西洋のかなたから来た宗教を信じるようになった端正な面持ちの若い農民たちである。彼らは人を殺したくない——殺害すべき人々は、民数記三五章一九節に登場する「血の復讐をする者」が地に戻るときに殺害される——。

三人目は牧師の息子である。バプテスト教会の信者である。彼も人を殺したくない。穏やかなキリスト教で邪悪な事柄を終わらせたい。

平和主義者は二人である。「二度と戦争を起こさない」(Never War Again) の人々である。社会正義、武器の代わりに寛容。

大工は社会主義者である。新インターナショナルは労働者階級全員の指示を受けており、組合からの動員命令が出ると、家に帰ることができる。

そして画家一人がいる。王立美術アカデミー卒業。彼は［アメリカの小説家、劇作家ウィリアム・サローヤン（William Saroyan 一九〇八〜一九八一年）］の「あなたたちの戦争は自分で戦いなさい」という言葉を信じている。

八番目の人は二十五歳で、少し年齢が高い。レジスタンス活動に参加したが、終戦後の社会の展開は彼の幻想をすべてぶち壊した。今、彼は希望がない兵役拒否者である。*6

一九五九年にオクスボルキャンプの整備が終わったあと、コンペダルキャンプが復活した。収容人数は一二二人であった。一九六〇年代の徴兵者数は年間に一〜二万人で、ここから兵役拒否者数は一パーセント前後だと想定されていたことがわかる。拒否者数が少ない背景には、シャンベアが描いた一般市民による拒否者への侮蔑的な扱いと、当時の東西冷戦の状況が合わさっていたと考えられる。

一九六〇年に公開された新作映画の中には、人気俳優が、徴兵の時期をあこがれ、成長する楽しい青春期を演ずる作品があった。しかし、ベトナム戦争はデンマーク人の間でも懸念され、一九六八年の学生運動はデンマークでも激しかったため、徴兵拒否者はますます増加した。一九七〇年にコンペダルが放火されて、森の真ん中にあったキャンプは完全に燃え尽きた。この事件と直接の関係はなかったが、当時、兵役拒否者は、キャンプに入る代わりに老人ホームや図書館など公立施設で非軍事的な仕事をするようになった。

また、シャンベアらが一九五〇年代に提案したように、認定されたNGOで働くことができることにもなった。それ以降、認定された施設やNGOの数は増えていった。この背景には、一九七二年に歴史的に最も多い四六〇〇人が兵役を拒否し、全員をキャンプに収容できず、コストも高くなってきたことが挙げられる。

筆者の徴兵役体験をもとに、一九八〇年代の状況を描いてみよう。一九八〇年の十八歳のデンマーク人男性のコーホート（ある特定期間に出生した人口，特にある一年間に出生した人口集団を意味する）は、筆者を含め三七八六三人であった。デンマークの防衛省の報告によると、そのうちの七割が兵役にふさわしかったと推察される。当時の軍の新兵役者数がどれぐらいだったかは不明であるが、若者同士の間では「十八歳の半分ぐらいだろう」と言われていた。ただし、志願者などで必要な新兵を得ることが現在と同様に当時も基本であった。

一九七〇年代の第一と第二オイルショックなどの影響で若者の失業率は一割程度であり、デンマークも不景気な時代であった。軍に入ると、教育を受けられる、運転免許を無料で取得できる、軍隊での経験を履歴書に残すことができるなどメリットは複数あった。積極的に入隊した者は、所属部隊を選択できた。このようなわけで、一九八〇年代に筆者のような兵役に対して消極的な者はあまり必要なかったと考えられる。

筆者が兵役検診を経て、抽選で引いた番号は一四〇〇〇番台だった。この大きな数字は「解放番号」(Frinummer）と呼ばれ、平和が続くかぎり軍と関わらなくてよいことを意味した。国費で国内や海外のNGOで体験しながら平和のために活動したかった筆者にとって、少し残念な結果であった。同年齢の友人も兵役拒否者だが、一九八一年はキャンプに入る者はほとんどいなかったと教えてくれた。友人は、ある子ども向けの劇団で、良心的兵役拒否の勤務期間を過ごした。

一九八四年、最後に残ったグリブスゴ（Gribskov）キャンプは廃止された。

法の施行第三期（一九八九年～現在）

一九八〇年代以降、現在まで、兵役拒否者数は減少している。この現象には主に三つ理由があると考えられる。第一はいわゆる国際化である。デンマークは一九四八年に国連に加盟し、一九四九年に成立した北大西洋条約機構（NATO）の最初からの同盟国のひとつである。一九七三年から欧州経済共同体（EEC）に、一九九一年から欧州連合（EU）に加盟している。EEC以外の各団体は平和を守るために軍の組織を運営する。デンマークは特に国際連合平和維持活動に積極的に協力した。

一九九一年に国民投票で受けたマーストリヒト条約上でEU軍のメンバーにはならないと決めた。その一方で、NATOとの付き合いは少し複雑である。特に一九八二年から八八年の間に、保守派の少数与党政権はNATOの核兵器再軍備に賛成しようとしたが、国会議員の多数がその政策に反対したため、結局、政府は、NATOの議事録においてデンマークの懸念を脚注に記録してもらわなければならなかった。たとえば、冷戦下ワルシャワ条約機構が西ヨーロッパの国境近くに中距離ミサイルを配備したのに対して、NATOはデンマークや北ドイツで同じような核兵器を配備しようとした。筆者を含め大勢が一九八〇年代前半の平和運動のデモや座談会に参加、これに反対した。

しかし、二〇〇一年にアフガニスタンで、デンマークはNATOの一員として国際治安支援部隊（International Security Assistance Force）に参加した。ここには一九九〇年代に起こった第一次湾岸戦争とユーゴスラヴィア紛争の影響があったと考えられる。この十年間で得た経験がデンマークの「防衛」概念を変えたといえる。二〇〇一年二月二十七日に可決された防衛法はそれを反映していた。

法に定めたデンマークの防衛の六つの目的は、以下のとおりである。①NATOの領域における紛争予防、危機管理およびNATO領土の防衛。②デンマークの主権と公務の侵害を確認し、拒否する。③信頼醸成と安定促進の任務、ならびに防衛分野における対話と協力。④紛争予防、平和維持、平和構築、人道主義および他の同様の任務。⑤その他の課題。そして、⑥展開能力の維持である。[*7]

これらの目的の順序は重要であり、一九〇九年に可決した中立性と国境防衛を狙った防衛法とその性質が異なる。また、武器の進化に伴うコストや高度な技術レベルは、兵士に必要な訓練とその覚悟を変えた。それゆえ徴兵役の秩序も変わった。当時の徴兵訓練時間は九か月だったが、改善の上で徴兵はまず四か月間の基本訓練を受け、そのあとは、本人の希望と能力により、部隊と武器によって数か月の特訓練が必要とされた。そして、ここで「覚悟」というのは、海外で展開される戦争に参加することができるかどうかということである。

第二の理由は、政治家や軍人の中には、徴兵制によって構成される軍よりも、プロの兵士のみによって構成される軍のほうが時代に合うと論じる者がいたからである。

二十年前から続いている議論だが、二〇二二年の現在においても徴兵役はある。一方、一九八〇年に筆者が経験した若者が兵役に志願する傾向は、それ以降、ますます強まっている。二〇二〇年に軍はわずか三〇〇〇人の徴兵しか必要としなかった。その九九・九％が自発的に入隊を希望する者で埋まっていた。

第三の理由は、男女平等を求める世間の影響である。一九六〇年以降、デンマークの女性には防衛義務の代わりに防衛権利が与えられた。それ以降、兵役に就きたい女性は男性徴兵と同じ条件で、男性と変わることなく担える仕事が増加している。二〇二〇年、軍の各部の新入徴兵の四分の一が女性であった。

以上の理由によって、年間に必要な徴兵数は減っているように、良心的徴兵拒否者数も年々減少しているのである。

3　兵役と良心的兵役拒否——他の北欧諸国の場合

北欧諸国は外見上は類似しており、国民も多くの共通点をもっているが、軍備の管理方法はそれぞれ異なっている。アイスランドには軍隊がない。ノルウェーはデンマークと同じくＮＡＴＯ設立以来の加盟国だが、スウェーデンとフィンランドはそうではない。四か国とも国連の平和維持活動に積極的に参加しており、どの国も徴兵制をとっている。

本章では、まず二十一世紀のノルウェー、スウェーデン、フィンランドにおける徴兵制と良心的兵役拒否の現状を簡単に整理する。二〇二一年末までは、軍隊と徴兵制は縮小の傾向があったけれども、二〇二二年二月二十四日のロシアによるウクライナ侵攻がこれをとどめた。四か国の政治家は自国の軍事費の増強を求め、スウェーデンとフィンランドは長年守ってきた中立を譲り、ＮＡＴＯへの加盟手続きを開始した。次いで、現在の状況に対する北欧のエキュメニカルな反応について言及し報告を終える。

ノルウェー

ノルウェー憲法第一〇九条は「原則として国家のすべての国民は、生まれや財産のいかんに関わらず、一定の期間、国の防衛に従事する義務を負う。この原則の適用および制限については、法律でこれを定める」と規定している。「徴兵および兵役に関する法律」の第六項は、十九歳から四十歳までの国民が兵役の義務を負うと明記している。また、十七歳になったとき、軍当局が要求する情報を提供することは、すべての国民の義務である（第七項）。全員が軍隊からの質問票に答えることによって、その義務を果たす。当局は十七歳全員のデータを収集する権利を有し、データの要求に抵抗する権利はだれにもない（第五八項）。その回答に基づいて兵役への適性、一部適性、不適性を評価するために何人かが招集される。国民はこのような招集に従わなければならない。

権利擁護団体「セキュリティウィメン」（Security Women）によると、ノルウェーは二〇一六年から性別にとらわれない徴兵制を実施した欧州初の国である。*8 現在、ノルウェーでの十九歳のコーホートは年に約六〇〇〇〇人である。その中で一七五〇〇人が兵役適性検査に招集され、八五〇〇人が兵役に就くことになる。二〇二〇年は、新兵の三三％が女性であった。

良心的兵役拒否について、欧州良心的兵役拒否事務局（ＥＢＣＯ）がノルウェー司法・公安省に問い合わせたところ、「良心的兵役拒否はノルウェーで最も重要な問題である」としたうえで回答を得ている。以下は、同省の回答の抜粋である。

一九二二年、ノルウェーは兵役免除に関する軍刑法の改正を行い、これにより良心的兵役拒否の権利を認めた。一九六五年、ノルウェーは良心的兵役拒否の権利を認める新しい法律、「個人的信念を理由とする兵役免除に関する一九六五年法」を制定した。（中略）良心的兵役拒否者は兵役の免除を受けることができる。また、良心的兵役拒否者のための代替的な文民兵役の選択肢は二〇一二年に廃止されたので、存在しない。[*9]

ＥＢＣＯは「登録された良心的兵役拒否者」の数を記録している。その数は、二〇一九年一七〇人、二〇一八年一六二人、二〇一七年一二六人、二〇一六年一三六人、二〇一五年一七四人であった。同団体は二〇二〇年には二二〇～二三〇人になると予想しているが、なぜ急激な増加が予想されるのかは説明されていない。また、良心的兵役拒否者のうち、女性が何人いるかも明記されていない。

スウェーデン

一九九四年の総合防衛法により、十六歳から七十歳までのすべてのスウェーデン国民は、戦争時に国の防衛に参加することが義務づけられている。二〇一〇年、スウェーデンは徴兵制を一時停止したが、兵士として志願する者の数が、軍が必要とする新兵を満たすことができなかったため、二〇一七年に再び徴兵制が発動された。スウェーデンは徴兵制を一時停止する直前、国会で将来的に性別に関係なく徴兵制を行うべきという法律を作っていた。したがって、男女問わず若者が十八歳になる年に、「義務と審査委員会」(Plikt- och prövningsverket) の事前電子アンケート審査で、健康、教育、性格、意欲など五〇~六〇の質問に答えなければならない。現在、十八歳のコーホートは約九四〇〇〇人である。しかし、二〇一八年、当初予定されていた年間徴兵数は約四〇〇〇人でコーホートの五%未満にすぎない。二〇二五年には約八〇〇〇人に増やす計画である。

ＥＢＣＯは、スウェーデンの良心的兵役拒否者の条件を以下のようにまとめている。

> 兵役に対する良心的兵役拒否の権利は、一九二〇年に代替勤務制度法として法律で導入された。現在の総合防衛法によれば、他者への武器使用に関して深い個人的確信を持つ徴兵兵は、スウェーデン国防省採用局に申請すれば、良心的兵役拒否者として兵役に就くことができることになっている。これは、武器の使用に関連する職務に就くための訓練や、本人の意思に反してスウェーデン軍に入隊することができないことを意味する。現在、良心的兵役拒否者としての兵役はなく、市民徴兵制も実施されないため、実質的に兵役に就くことはない。将校や職業軍人は契約を結んでおり、どの様な理由であれ解約や退職ができる。[*10]
>
> 良心的兵役拒否者の数についてＥＢＣＯは「スウェーデン国防省人材派遣局は、二〇二〇年に四三件の武器不所持の申請を受理した。このうち四一件は承認され、一件は却下され、一件は申請が取り下げられたため消却された。承認された四一件の申請のうち、三二人が軍事訓練開始前に、九人が軍事訓練開始後に武器不所持の地位を得た」と報告している。

フィンランド

フィンランド憲法によると、すべてのフィンランド国民は国防に参加しなければならない。十八～六十歳の男性には兵役義務があり、女性は志願兵として兵役に就く。兵役義務のある者は、武装あるいは非武装の兵役か、非軍事（市民）兵役のいずれかを終えなければならない。兵役終了後は、フィンランド国防軍の予備役として招集される。[*11]「兵役または一般兵役のいずれかにどうしても反対する者は、勤務先に書面を提出しなければならない。フィンランドの法律では、徹底的兵役拒否者は監督罰または禁固刑に処される。[*12]」フィンランド国防軍陸軍訓練シミュレータ研究部長コソネン（Jarkko Kosonen）博士の研究では、「各男性年齢のコーホートの七〇～七五％が六～十二か月の間に義務的な徴兵役を完了し、六％が非軍事的役を実施している」[*13]。兵役は短いこともあるが、非軍事的役の期間は三四七日である。ＥＢＣＯの報告によると、女性の志願者は年間七〇〇～八〇〇人である。[*14]

フィンランドでは良心的兵役拒否は一九三一年に合法化されたが、「非宗教的兵役拒否は一九五九年の法改正まで認められていなかった。一九八七年まで、非宗教的異議申し立ては、裁判官、軍人、社会福祉省の代表者、精神科医から成る特別調査委員会によって調査された[*15]」とされている。一九八五年から二〇一九年にかけて、エホバの証人のメンバーが兵役を拒否したが、法律により投獄されなかった。しかし、二〇一八年にヘルシンキ控訴裁判所がこの政策を他の良心的兵役拒否者と対比して差別的なものと判断したため、政府はその後、エホバの証人のメンバーを兵役から免除していた法律を変えた。[*16]ＥＢＣＯによると、年間三〇～六〇人が禁固刑（自宅軟禁）を選択しており、その多くはエホバの証人と思われる。

兵役で兵士としての第一期を終えた後、予備軍の役人になるよりも非軍事的な役に就くことを選択する者がいる。二〇一七年、コソネンの研究チームは、非軍人兵役の男性三八人と予備役から辞めた男性三三人とインタビューを実施した。コソネンの二〇一九年の論文「兵役を断るということ――フィンランドの徴兵制に基づく軍隊で経験した問題としての義務、殺害、不平等」(Saying no to military service - obligation, killing and inequality as experienced problems in conscription-based military in Finland) は、大多数の人が「成熟過程の一部として、また社会の完全な一員となるため徴兵勤務を完了する義務が構築された社会規範的負担と説明した」ことが明らかになった。ここでインタビューに応じた人々は、フィンランドを守ることに反対しているわけではないので、彼らの「良心的兵役拒否者であると自らを認識することを避けている」という点に注目すべきである。しかし、所得格差やテロ、地球温暖化など社会に対する脅威よりも、軍事衝突のリスクの方が低いと思われる時代に、彼らは単に殺人を学ぶよりも、自分の能力や経験を生かして社会を支えることができる「自分の役割を決める選択肢があれば、ほぼ全員が自分の役割を果たすことを望んでいる」。

フィンランドの「良心的兵役拒否者同盟」(Aseistakieltäytyjäliitto) は、たとえば、就職のとき、「軍隊にいた人が採用の際に優先される」など、軍隊ではなく非軍事的役を行う者が受ける差別の例を報告している。*17 この点についてはコソネンの研究*18では触れられていないが、このような差別は彼が強調するように、兵役が「社会規範的な負担」であるという概念を裏づけるものであると思われる。

二〇二二年二月二十四日、そしてその先

コソネンは論文の最後で、この調査結果は二〇一七年の調査時期とその前からしばらく続いてきた比較的平和な時代を反映していることに注意を促している。二〇二二年二月二十四日のロシアのウクライナ侵攻により、冷戦終結後の北欧が三十年間置かれていた平和の代わりに激動の時代が到来し、デンマーク、ノルウェー、スウェーデン、フィンランドの徴兵制の将来について確固たる結論を出すのは無謀であるかのようになっている。

冷戦終結後、デンマーク、ノルウェー、スウェーデンでは、軍の必要性を満たすために、職業軍人を採用する

ことが多くなっている。そのため、徴兵制の必要性が低くなる一方で、三か国とも兵役を希望する若者が多く、招集がかかると志願する。その結果、兵士になることを強制された経験を持つ者は少なく、また、良心的兵役拒否者になる者も少ない。ノルウェーとスウェーデンにおいて、ほとんどの若者が軍隊と接触するのは登録書類に記入するときだけである。デンマークとフィンランドでは、すべての青年男子が兵役適性診断を受けなければならないが、ほとんどの場合、軍との接触は人生の中でその日一日だけである。どの国でも完全な兵役拒否は依然として禁固刑に処せられるが、募集制度によってほとんどの人が選択を迫られることがなく、デンマークとフィンランドでは、殺人を学びたくない大多数の者にとって非軍事的役は受け入れやすい選択肢である。その結果、徴兵制を拒否する者は反社会的な人間としてみなされ、またそう扱われる。

本論の初めで明らかにしたように、このような態度には長い歴史がある。一方、北欧の平和運動にも長い歴史がある。しかし、ロシアのウクライナ侵攻後、軍国主義に反対を表明することは時代の精神に反する。それは次の例からも把握できる。

二〇二二年の夏、スウェーデンとフィンランドはNATOへの加盟を申請した。スウェーデンでは、二〇〇年以上にわたる中立を放棄するという考えに対する一般的な支持率が、二〇一七年十二月の三一%から二〇二二年一月には三七%に上昇し、二月には四一%を超え、二〇二二年五月には五八%に達した。同月、若者に焦点を当てた世論調査機関であるスウェーデンのウングドムスバロメターン（Ungdomsbarometern）によると、十五歳から二十五歳の若者の間では、女性の三二%、男性の四六%がスウェーデンのNATO加盟に賛成し、これまでで最も高い支持を集めていることがわかった。[*19] さらに驚くのは、フィンランドのNATO加盟支持率が二〇二一年秋の二四%から二〇二二年春には六八%に上昇したことである。[*20] 加盟には、攻撃された場合の相互援助の約束と、各加盟国の防衛予算がGDPの二%を消費することが期待されていることを受け入れる必要がある。二〇二〇年の防衛費もしくは軍事費は、日本は一・一%、米国は三・五%、EU諸国は平均一・三%、フィンランド一・四％、スウェーデン一・三％、デンマーク一・二％、ノルウェー二・〇％となっており、[*21]六八％のスウェーデンの若者が自国の防衛費を大幅に増やすべき、あるいは特に増やすべきと考えている。当然ながら、防衛にはお金だけでは足りない。次頁の表は、ノルウェー、スウェーデン、フィンランドの世論調査で行われた、徴兵制と国防に参加する準備態勢に関する質問に対する回答をまとめたものである。

世論調査の方法は様々で、その結果を慎重に比較しなければならないが、全体として国民は自国の防衛に前向きで、個人的に参加する意欲がある。ロシアの脅威がヨーロッパの他の地域で具体化した後は、なおさらである。各国の政治指導者たちはすでに国防予算の拡大計画を打ち出している。平和主義的なアプローチは、むしろ装備と人間の戦闘態勢にさらなる犠牲を求めるこの時期の「精神」にそぐわないだろう。

スウェーデンは世界の主要な武器輸出国の一つである。平和主義者のイメージを醸成しようとすると、しばしばそのような批判を受ける。強く批判していることで有名なのは、スウェーデン福音ルーテル教会の元大監督のハマー氏である。それでも、二〇二二年五月、教会の新聞が、スウェーデンのウクライナへの武器輸出についての見解を問うと、「ロシアの戦車がキーウの街中に入って来ているのですから、短期的には地元の人たちが自衛することが許されるのは合理的だと思われます。私の主義に反することですが、このような状況では、やはり悲しい気持ちで、いや、ここでその輸出を非難することはできないと言わざるを得ません」[*22]と回答した。

ロシアがウクライナに侵攻し、虐待し、破壊したことは弁解の余地がないため、ウクライナの自衛を認めるのが妥当であり、そのためには武器が必要であるというハマーの立場は理解できる。一方、SDGsの目標である「すべての人に正義と平和を」の実現のための資源調達がいかに困難であったかを考えると、政治家や国民が武装への投資を容易に受け入れることは残念なことと言えるだろう。平和と正義は、エキュメニカル運動の古典的な目標である。それゆえ、そこから軍拡競争に対する抗議の声が聞こえてくるのだろう。

デンマークでは、デンマーク教会協議会が「デンマークの教会大会」を支えている。三年に一度、多くの草

	ノルウェー		スウェーデン		フィンランド	
軍隊は必要	88%		+防衛力が必要56%（2018年）		83%（自分を守ることが必要）	
徴兵制度に賛成	男 80	女 82			男 88	女 84
防衛に参加したい	男 83	女 69	法律的な義務であるから、質問になっていない		男 88（武装的に 88）	女 76（武装的に 77）
母国のために命をささげることが必要と覚悟すべき			＊男 52	＊女 25		
NATO	加盟は良い 男 85　　女 73		＊スウェーデンの加盟に賛成 男 39　　女 32 △一般 58		加盟は望ましいこと 男 74（34） 女 62（14）	

無印は Folkogforsvar.no 2022　+は MSB Opinioner 2018（Dec）
＊ Ungdomsbarometern 2022（May）　△ Statista.com　フィンランドは The Advisory Board for Defence Information ABDI 2022

の根の教会組織や教派の人々が集まり、共通のインスピレーションを得る。二〇二二年四月に開催された最後のデンマーク教会大会の基本テーマは「平和と正義」であった。ウクライナへの侵攻は共通認識として強くあったはずだし、SDGsと戦争との間のパラドックスもエキュメニカルなコンテキストでは扱われることが望ましいテーマであるが、公式プログラムにはそのような取り組みが反映されていなかった。そこで事務局に問い合わせたところ、現状ではそのようなテーマを扱うグループがあまりないということだった。準備期間が短すぎたのか、細かい取り組みがあったのか、もしくはほかに何かあったのかはわからない。

　戦争が常に市民社会を「巻き添え」にするなどという知識は、ほとんど慰めにはならない。プーチンのパンチが軍国主義や軍備に対するキリスト教の良心的異議申し立て、そして和解を求め、平和を構築しようとするエキュメニカルな意思を永久に打ち砕かないことを願うばかりである。

注

1 Larsen, Sven Erik. 1977. *Militærnægterproblemet i Danmark 1914–1967 med særlig henblik på lovgivningen.* (Odense University Studies in History and Social Sciences, Vol. 39). Odense: Odense Universitetsforlag.

2 参照；Kristeligt Dagblad Nissen, Keld. 2017. 100-året for militærnægterloven: Da 491 præster gjorde det lovligt at sige nej til våben. Kristeligt Dagblad 09 december 2017. https://www.kristeligt-dagblad.dk/danmark/da-491-praester-gjorde-det-lovligt-sige-nej-til-vaaben Viewed 19 June 2021.

3 Larsen, Sven Erik, op. cit.

4 Jensen, John V. 2017. Militærnægterlejren i Oksbøl, 1949–1959. https://danmarkshistorien.dk/vis/materiale/militaernaegterlejren-i-oksboel-1949-1959/ viewed 19 June 2021.

5 Scharnberg, Carl. 1956. Militærnægterlejr eller galeanstalt? Pacifisten marts 1956. https://danmarkshistorien.dk/vis/materiale/carl-scharnberg-militaernaegterlejr-eller-galeanstalt-i-pacifisten-marts-1956/ viewed 19 June 2021.

6 Ibid.

7 Larsen, Sven Erik, op. cit.

8 Security Women, 22 October 2021. A Look at Norway's Approach to Gender-Neutral Conscription, SecurityWomen.（Accessed 29 October 2022）

9 European Bureau for Conscientious Objectors. 2022. “Norway” https://ebco-beoc.org/norway (Accessed 23 October 2022)

10 European Bureau for Conscientious Objectors. 2022. “Sweden” https://ebco-beoc.org/sweden (Accessed 30 October 2022)

11 参照’ Puolustusvoimat 2022. Finnish conscription system – Puolustusvoimat – The Finnish Defence Forces https://puolustusvoimat.fi/en/finnish-conscription-system (Accessed 23 October 2022)

12 参照’ Finnish Militär och Civiltjänst. 2022. https://www.suomi.fi/medborgare/rattigheter-och-skyldigheter/sakerhet-och-ordning/guide/forsvaret/militar-och-civiltjanst (Accessed 23 October 2022)

13 Kosonen, Jarkko, Alisa, Puustinen and Teemu, Tallberg. “Saying no to military service – obligation, killing and inequality as experienced problems in conscription-based military in Finland.” Journal of Military Studies, vol. 8, no. 2019, 2019, pp. 46–57. https://doi.org/10.2478/jms-2019-0005 (accessed 28 October 2022)

14 European Bureau for Conscientious Objectors. 2022. “Finland.” https://ebco-beoc.org/finland (Accessed 29 October 2022)

15 Siviilipalvelus - Wikipedia.

16 Kosonen, op. cit.

17 Aseistakieltäytyjäliitto. 2022. Fighting discrimination ¦ https://akl-web.fi/en/conscientious-objection/fighting-discrimination (Accessed 29 October 2022)

18 Kosonen, op. cit.

19 Ungdomsbarometern 2022. Ungdomsbarometern – Ungdomsbarometern (Accessed 5 December 2022).

20　参照　Advisory Board for Defence Information. 2021. Finns' opinions on foreign and security policy, national defence and security（defmin. fi）. Bulletins and Reports December 2021. http://urn.fi/URN:ISBN978-951-663-376-6（Accessed 28 October 2022）

21　参照　Eurostat. 2022. 2020 Government expenditure on defence – Statistics Explained（europa. eu）https://ec.europa.eu/eurostat/statistics-explained/index.php?title=Government_expenditure_on_defence#Expenditure_on_.27defence.27（Accessed 30 October 2022）Finnish Militär och Civiltjänst. 2022. https://www.suomi.fi/medborgare/rattigheter-och-skyldigheter/sakerhet-och-ordning/guide/forsvaret/militar-och-civiltjanst（Accessed 23 October 2022）

22　Linderås, Josefin. 2022/03/02. KG Hammar: "Kan inte fördöma exporten av pansarskott" Kyrkans Tidning　https://www.kyrkanstidning.se/nyhet/kg-hammar-kan-inte-fordoma-exporten-av-pansarskott（Accessed 30 October 2022）

その他の参考文献

Aseistakieltäytyjäliitto. 2022. Fighting discrimination. https://akl-web.fi/en/conscientious-objection/fighting-discrimination（Accessed 29 October 2022）.

Bekendtgørelse om civil værnepligt.〈条例〉BEK nr 995 af 04/10/2008 Forsvarsministeriet. https://www.retsinformation.dk/eli/lta/2008/995 Viewed 19 June 2021.

Betænkning nr. 458〈白書〉1967. Civil værnepligt. Betænkning afgivet af det af Indenrigsministeriet den 18. juni 1963 nedsatte udvalg. Udvalgsformand, Aa Munkgaard.

Constitution of the Kingdom of Norway, the. The Constitution of the Kingdom of Norway – Lovdata（Accessed 5 December 2022）.

Danmarks Riges Grundlov. 1953. Danmarks Riges Grundlov (grundloven.dk) (Accessed 5 December 2022).

Folkogforsvar.no 2022 Årets meningsmålinger – Økt forsvarsvilje, på andres vegne? – Folk og Forsvar (Accessed 5 December 2022).

Lov om værnepligtens opfyldelse ved civilt arbejde「非軍事的な仕事で防衛義務を果たす法」

MSB Opinioner 2018 (Dec); «Allmänhetens syn på samhällsskydd, beredskap, säkerhetspolitik och försvar» https://rib.msb.se/filer/pdf/28769.pdf

Statista.com 2022. Swedish Armed Forces – Statistics & Facts ¦ Statista (Accessed 16 December 2022).

Ungdomsbarometern 2022. Ungdomsbarometern – Ungdomsbarometern (Accessed 5 December 2022).

戦争の荷担者は誰か――ハイブリッド戦争時代の平和への問い

中西　久枝

はじめに

二〇二二年二月二十四日、晴天の霹靂ともいうべき戦争が始まった。ロシアのウクライナに対する攻撃である。二〇二三年三月現在、ウクライナ戦争はいまだに続き、終わりが見えない戦争になっている。ロシアは短期戦を期したが、そうはならなかった。過去にも同じような戦争がある。一九七九年十二月のソ連軍のアフガニスタン侵攻である。アフガニスタン戦争は、侵攻後十年目の一九八九年、ソ連軍の撤退で終わった。

現在、ウクライナ戦争が十年続くとは誰も想定していない。エネルギー市場への世界的な影響が甚大であるからである。石油と天然ガスの価格は戦争開始後高止まりし、欧州ではこの冬を越えるのに十分な燃料がない事態になっている。そうしたなか、特に欧米や日本などの西側諸国は、早晩戦争を終わらせる努力をするのではないかという見方もある。戦争が継続すれば、先進国も途上国も共にエネルギーの安定保障が脅かされ続けるからである。

世界で起こっている戦争や紛争はウクライナ戦争だけではない。しかしながら、ウクライナ戦争は、これまでの戦争とは大きく異なる。その一つが、いわゆるハイブリッド戦争という戦争方式である。

ハイブリッド戦争という新たな戦争方式が生まれ、ウクライナ戦争が本格化した今日、冷戦後から今日までおこった戦争の意義を問い直すことが必要であろう。戦争は誰のためのものか、戦争に参加しているのは誰なのか、戦争で誰が犠牲になるのか、戦争をやめるには何が必要なのか、今こそ再考すべきではないだろうか。

その背景には、ある危機感がある。それは、ハイブリッド戦争が正規の国軍の兵士の戦いのみではなく、人工知能（ＡＩ）を駆使したサイバー戦や情報戦に、私たちが知らぬ間に巻き込まれているのではないかという危惧である。

本稿では、まずウクライナ戦争が容易に終わらないのはなぜか、そして、冷戦後から今日まで、戦争への規範と実施方法がどう変化したのかという点に光を当てる。それによって、戦闘の主体が一般市民をいかに巻き込んだのかを描く。さらに、ハイブリッド戦争の一要素であるサイバー戦が展開している今日、現代の戦争に誰が荷担しているのか、という問題提起を試みる。

エキュメニズムの思想は、キリスト教内のいかなる宗派をも超克し、かつ宗教間の対話をめざすことが根底にある。ウクライナ戦争の背景として、ロシア正教会の力に支えられたプーチン政権には、ウクライナのロシア正教会からの独立を阻止するねらいがあると指摘されている。戦争の背後には、ウクライナが、ロシア正教会モスクワ総主教庁から独立した正教会をつくる動きがあったという。その意味で、ロシアとウクライナの対立には、キリスト教の正教会内の宗派的争いの側面がある。これは、エキュメニズム運動が乗り越えるべき課題だととらえてきた問題の一つである。

また欧州には、伝統的に兵役拒否の思想がある。兵役拒否の思想は、国家が殺戮や虐殺を引き起こす暴力装置になりうる状況下で、いかにして戦争に荷担しないよう兵役制度に抗うかをめざす平和思想である。

本稿は、新たな戦争のしかたが現実に起こっているなか、「命を落とす人びとがいる戦場」という地理的、物理的な空間を超えて、戦闘員と普通の人びと（文民）の境界線がいかに曖昧なものになりつつあるかを示すことを試みる。

1　ウクライナ戦争はこれまでの戦争とどう違うのか

ウクライナ戦争は、過去起きた戦争とは多くの点で一線を画している。第一に、ウクライナの地政学的位置である。ウクライナは、北大西洋条約機構（NATO）の加盟国群が最も東側で接する国家であり、戦争前より脱ロシア化しつつあり、将来NATOへ加盟する可能性があった。

二〇〇八年八月、ロシアはグルジアに軍事侵攻した。その背景にはグルジアのNATO加盟問題があった。ロシアは軍事侵攻でそれを阻止した。そのグルジアは国土が北海道より小さく、人口が四〇〇万人程度の小国である。他方、ウクライナの国土はロシアの三分の一以上あり、人口は四三八一万人と、ドイツの半分以上ある。ロシアにとっては、大国ウクライナのNATO加盟は重大事であった。

こうした面を考えると、ロシアのウクライナ侵攻が単にウクライナ一国を攻撃目標にしたものではないことが見えてくる。ロシアが始めた戦争は、NATOの東方拡大を継続してきた欧州と米国に対する挑戦である。この戦争は直接的に欧州を戦火に巻き込むものではないが、NATO諸国がウクライナを防衛するという構図を生み出した。それを支えているのは、アメリカと欧州の掲げる「自由と民主主義」の防衛というゆるぎない価値である。欧州諸国がウクライナを守ることは、その価値の実現だとされ、欧州全体の安全保障問題となったのである。アメリカと欧州のウクライナへの武器支援は日ごとに増え、戦争を終わりにくいものにしている。

第二に、ウクライナ戦争は、ロシアという核兵器保有国が引き起こした戦争である。世界には、事実上核兵器を保有している非NATO加盟国として、イスラエル、パキスタン、インド、中国、北朝鮮などがある。これらの核保有国のうち、アメリカと対立関係にあるのは中国と北朝鮮であり、いずれも欧州からは遠い東アジアにある。ウクライナという欧州のすぐ東側の境界国家に対して、ロシアという核保有国が軍事的に侵略したことは、欧州のNATO加盟国には大きな脅威となった。

冷戦終結後の一九九〇年代、旧ユーゴスラヴィアの崩壊とともに、欧州ではボスニア紛争やコソヴォ紛争が起こった。ロシアは、いずれの紛争においてもNATO軍が国連軍の肩代わりをすることに反対したが、紛争はNATO軍の介入で終結した。紛争に「人道的介入」をしたNATO軍の国家群のなかに米英やフランスなど核保有国が含まれていた。ウクライナ戦争では、戦争を開始した国家がロシアという核保有国なのである。

したがって、今回の戦争ではNATO諸国が軍事的に直接報復することはできない。ウクライナはNATOの加盟国でないため、ウクライナの防衛のためにNATOは集団的安全保障の立場から参戦する義務はない。しかしながら、ウクライナ戦争が地理的に欧州諸国に飛び火した場合でも、はたしてNATOが参戦するかどうかは疑問が残る。そこには、ロシアの核抑止が働くと考えられるからである。

第三に、ウクライナ戦争ほど、経済的影響がグローバルに大きい戦争はない。ウクライナがロシアとともに黒海に臨む世界屈指の穀倉地帯であり、黒海が石油と天然ガスというエネルギー資源の搬送ルートの拠点であるからである。ロシアがウクライナ戦争後、黒海から小麦の搬出ルートを断続的に妨害したことで、小麦の価格が高騰し、小麦の安定供給が阻害される事態が生じた。ウクライナからの小麦の輸入に依存している中東・アフリカ諸国では、飢餓状態の人びとが増えている。

他方、欧州にとっての大打撃は、ロシアに対する経済制裁が自国のエネルギー危機を招いたことにある。欧州は、ロシアに対し石油と天然ガスの大幅な輸出規制を制裁の一環として課した。制裁はロシア経済に打撃となっている一方、制裁措置を講じた欧州諸国がエネルギー不足に陥っているからである。

キヤノングローバル研究所の杉山大志氏は、ウクライナ戦争前の二〇二二年二月七日、EU諸国が「気候危機説に取りつかれ、脱炭素（政策）に熱心である」一方で、EUの天然ガスの供給量の四割をロシアに依存し続けている問題に言及し、EUの脱炭素政策の犠牲になったのがウクライナ（のNATO非加盟問題）だと主張していた。これは、ロシアのウクライナ侵攻に欧米や日本の進める「脱炭素政策」を遅らせる狙いがあったことを示唆するものである。

第四の特徴として、先述したように、ウクライナ戦争はいわゆるハイブリッド戦争の本格版である点がある。ハイブリッド戦争とは、端的には通常戦とサイバー戦などの非通常戦の混合型の戦争である。すでにロシアは、二〇一四年のクリミア半島の併合時にハイブリッド戦争を実施していた。しかし、ハイブリッド戦争の要素のうち、情報戦やサイバー戦が飛躍的に展開したのはこれが初めてである。

ウクライナ戦争に限らず、二十一世紀に起こった武力紛争をふりかえると、ソ連邦が崩壊した一九九〇年以降、紛争の原因や諸相がそれ以前の時代とは大きく変化してきたと言われている。では、それはどのような変化だったのだろうか。

2 正しい戦争と戦争参加——伝統的な戦争観と戦争への規範の変化

戦争に対する規制の試みは歴史的には古代ローマにさかのぼると言われている。他方、戦争への規制の様々な規範づくりや現代の国際法の枠組みづくりに貢献したのは、一六四八年に欧州で締結されたウェストファリア条約である。この条約は、国家間の主権を互いに尊重することで国家間の戦争を回避しようとしたものである。他方、十八世紀から十九世紀にかけてヨーロッパ内外で戦争は様々な形で続けられた。戦争は国民国家がその勢力を対外的に伸張していく際にはやむを得ない手段だと容認されてきた。その一方で、戦争には「正しい戦争」とそうでない戦争があり、前者の戦争をどう規範化するかが十九世紀のヨーロッパでは課題となっていた。

正戦論の歴史的展開

「正しい戦争」と「正しくない戦争」を区別する考え方は、より戦争の惨禍を最小限度にとどめようとする思想であり、その制度化が現在の国際法における戦争に関する規定の原点となっている。正戦論は、端的にいえば「戦争の合法性に関する法」と「戦争の遂行方法を規律する法」の二つの枠組みで構成されてきた。

前者は、開戦原則と一般に呼ばれている「ユス・アド・ベルム（戦争への正義）」である。戦争を開始する際の義務事項（開戦原則）である。これは、正しい理由、正しい意図、正当な権威、最終手段、成功の合理的な見込み、比例性の六つの原則から構成されている。

後者は、戦争中にいかなる戦闘行為が正当なものであるかを規定する「ユス・イン・ベロ（ラテン語、戦争における正義）」である。いったん戦争が開始されたとき、戦争中に許容されるべきことと、禁止されるべきこととの線引きをする規範や規定がこれに当たる。具体的には、「戦闘員と非戦闘員の区別」（区別原則）と比例性原則の二つが、その柱となっている。比例性原則は、（軍事攻撃によって）予期される軍事的利益との比較で過度な文民や民用物への被害を及ぼすことを禁止する。たとえば、軍事目標が軍司令本部のある施設や建物を攻撃するのは正しい戦闘行為だが、軍施設に隣接する病院や学校などを同時に攻撃するのは正しくないとされている。

誰が戦争に参加しているのか、誰が戦争の犠牲になっているのか

現在、国連では「戦争」という用語が不在であり、代わりに武力紛争という言葉が使用されている。それゆえ、現代の武力紛争においては、武力紛争中に守られるべき法としての「武力紛争法」が、今日では重要になっている。開戦する「戦争」は国連憲章上存在しないからである。戦闘に参加しないすべての人びとをどう保護するかという観点からは、武力紛争法は国際人道法と呼ぶべきだと言われている。国際人道法の基礎づくりは、一九七一年の国際赤十字委員会による提唱で始まり、ジュネーブ条約や追加議定書などの規定として具体化された。こ

れらの規則群は互いに重なっているが、本章では「武力紛争」中の戦闘員が誰かを問う問題を提起しているため、武力紛争法の呼称を使うことにする。

武力紛争法では、先述のように、武力紛争において戦闘員と非戦闘員の区別が重要な柱である。この区別原則は、戦場で誰が戦闘員であるのか、誰が直接的に敵対行動に参加しているのか（敵対行為への直接参加）を見極め、戦闘員は攻撃対象にしてよいが、非戦闘員（文民、あるいは一般市民）は保護の対象とすることを期している。端的にいえば、誰が戦争に参加しているのかという戦争の大命題を解くことが、区別原則の中核にある。

誰が戦争に参加しているかという問いは、実は大きな問いである。イギリスの戦争学の大家であるカール・フォン・クラウセヴィッツは、戦争のなかでも総力戦（total war）を前提に、戦争の本質を描いた。彼は、「戦争は他の手段をもって行う政治の継続である」という名言を残している。彼によれば、戦争の主体は国民国家であり、総力戦は国家対国家の全面的な軍事対決だという。彼の生きた時代は十九世紀であり、彼の戦争論はヨーロッパにおける国民国家形成を背景にしていた。

ただし、クラウセヴィッツ型の総力戦は、実際には少なくとも第二次世界大戦までは主たる戦争形態であった。国家間の総力戦では、戦争に参加するのは、直接的には国軍の兵士である。伝統的な戦争の形態においては、兵士が戦闘員であり、戦争捕虜といえば敵対国家の兵士を指していた。

しかしながら、第二次世界大戦終了後から今日まで、戦争の形態も性格も時代とともに大きく変化した。それによって、誰が戦闘に参加しているのかも変化した。

国家間の戦争から「市民と市民」の戦いへ――冷戦後の紛争

冷戦はソ連邦の崩壊とともに終わったと言われている。冷戦はいまだに続いているという説もあるが、ソ連の崩壊後、ワルシャワ条約機構が解体された事実は国際秩序の大変化であった。それはＮＡＴＯのみが残ったからである。この意味で一九九〇年以降は「冷戦後」と呼んでよいだろう。

冷戦後の武力紛争は、大きく変化した。国家間の紛争から、一国内の異なる勢力による紛争や内戦へと変化していった。その代表例のひとつが、旧ユーゴスラヴィアでのボスニア紛争であった。また同じ地域でコソヴォ紛争が一九九九年起こった。英国人の研究者メアリー・カルドーは、バルカン半島におけるこれらの紛争は、「新たな戦争」の様相を呈したと指摘した。

新しい戦争は、民族や宗教や言語などの違いに目覚めた人びとのアイデンティティが政治的力関係を決定し、アイデンティティ集団のあいだに争いが生まれることで起こるという。新しい戦争は、一国内で起こりやすいのが特徴的であり、それゆえに政府軍と市民、あるいは市民同士が、ときとして都市での市街戦の形をとる。ボスニア・ヘルツェゴヴィナのサラエボが、ボスニア戦争時には、かつては同じ「ユーゴ人」であったセルヴィア人、クロアチア人、ボスニア人という異なる民族集団同士が互いに殺戮し合ったことは、戦争に参加する主要な主体が一般市民になったことを如実に示した。

3 「対テロ戦争」の時代からウクライナ戦争へ——戦闘員と犠牲者

「対テロ戦争」にさらされた人びとの悲劇

冷戦後の武力紛争は、上述のように市民と市民の間の戦闘に変化した。冷戦後の戦い方にもう一つ大きな変化をもたらした事件がある。二〇〇一年の九・一一事件である。九・一一事件直後、アメリカが主導した戦争が二つある。二〇〇一年九月に開始されたアフガニスタンでの対ターリバーン戦争と、二〇〇三年三月開戦の対サッダーム・フセイン戦争である。九・一一事件は、アル・カーイダというテロ組織によるアメリカの貿易センタービルや国防省への同時爆破事件の首謀者が関連した事件だったとされている。アメリカは、この事件を受け、

「テロリズムに対する世界規模の戦争」（対テロ戦争）を宣言し、テロリストやテロ組織という非国家アクターを標的にした戦争を遂行していくことを決めた。

この「対テロ戦争」は、最初に対ターリバーン戦争として始まった。国連安全保障理事会は、ISAF主導の多国籍軍の派兵を承認し、二〇二一年八月の米軍撤退まで二十年間戦争が続いた。アフガニスタンでの戦争開始から一年半後には、イラク戦争が始まった。

ブラウン大学の戦争費用に関する研究プロジェクトは、二〇一九年十一月に報告書を出し、九・一一事件後の戦争でアフガニスタン、パキスタン、イラクでの市民の死亡者がアメリカ軍の死亡者より桁違いの数に上ったと報告した。下表にあるように、これら三か国で死亡したアメリカ軍兵士が七〇〇〇人に満たないのに対し、アメリカ軍の請負業者（非戦闘員）が七八二〇人と軍関係者よりも多いことを指摘した。さらに、三か国の敵対勢力の戦闘員が、軍と警察の死亡者の約二・五倍に

9・11後の主たる戦場における直接的死亡者数：アフガニスタンとパキスタン（2001年10月～2018年10月）、イラク（2003年3月～2018年10月）

	アフガニスタン	パキスタン	イラク	合計
アメリカ軍	2,401		4,550	6,951
アメリカ市民の犠牲者数	6		15	21
アメリカ軍の請負業者	3,937	90	3,793	7,820
国軍と警察	59,596	8,832	41,726	109,154
一般市民	38,480		323	1,464
敵対勢力の戦闘員	42,100	23,372	34,806～39,981	244,124～266,427
メディア関係者	54	63	245	362
人道支援・NGO関係者	409	95	62	566
合計	147,124	64,942	267,792～295,170	479,858～502,736

［出所：ブラウン大学ワトソン研究所　Neta C. Crawford著　報告書「戦争―9・11事件後の戦争の犠牲者：殺戮性と透明性の必要性」2019年11月、p. 1を元に著者翻訳、編集］

上ったという。敵対勢力の戦闘員には、一般市民は計算されていないが、三か国の国民で命を落とした人口が五〇万人近いという事実は、戦争が当該諸国の人びとをいかに犠牲にしたかを物語っている。

対ターリバーン戦争は、典型的な「対テロ戦争」だと言われてきた。だが、アメリカをはじめとする多国籍軍にとっての「敵対勢力の戦闘員」全員がテロリストであったのだろうか。上述の報告書の数字を見ると、アフガニスタン、パキスタン、イラクで多国籍軍と戦った「敵対勢力の戦闘員」が約二四万人になっているが、はたしてこの三か国にそれだけの数のテロリストがいたのだろうか。

テロリスト、戦闘員、ふつうの人びと

武力紛争法の区別原則からすれば、戦闘員だと認識されれば、攻撃の対象となってもやむを得ないということになる。しかしながら、テロとの戦いが国際的に正当化されることがなければ、そもそも多国籍軍に敵対した戦闘員の多くは、戦闘員にはならなかったのではないだろうか。二〇〇一年以前のターリバーン兵の数については一万人から六万人まで様々なデータがある。また、一般市民が戦闘員になったり、普通の市民にもどったりする場合が多かったと、多くのアフガン人留学生やイランに移住したアフガン難民たちから聞いたことがある。また、ターリバーンは、二〇二一年八月に政権に返り咲いたが、ターリバーンを名のる人びとの中で戦闘に関与している者は今やほとんどいない。米軍撤退後の治安は、ターリバーン政権の復活後、回復した。

イラクでは、サッダーム・フセイン政権が崩壊したあとは、多様な宗派間の戦いに変化した。上表のイラクでの「敵対する戦闘員」は、イラクの多国籍軍と戦った戦闘員を主に指すが、イラク人同士で戦った武装勢力が含まれている。アニセー・ファン・インジェランドは、『戦闘員か市民か——二十一世紀の挑戦』という本の中で、「そうした人びとは、イラク戦争が起こらなければ、必ずしも戦闘員とはみなされる人びとではない」と主張している。

さらに、ワトソン研究所の報告書では、アフガニスタンの市民の死者は四万七〇〇〇人、イラク戦争で命を落とした市民は一八万人から二〇万人のあいだであるという。「テロとの戦い」がいかに一般市民を犠牲にしたのかがわかる。

アフガニスタン戦争は、別の観点から見ても、それ以前の戦争とは異なっていた。アメリカが無人飛行機（ドローン）を最初に戦闘用に使用した場所がアフガニスタンであった点である。過去二十年間、人工知能（AＩ）は急速に発展した。その結果、人工知能が戦略兵器に搭載され始め、コンピュータによる兵器の操作やAＩそのものが、自律的に無人状態で敵対勢力の支配地域や敵国の上空を偵察するようになった。AＩによる技術革新は、戦争のしかたに大きな変化をもたらした。通常戦といわゆるサイバー戦の両方が補完される戦争の形態が生まれたのである。これは一般にはハイブリッド戦と呼ばれている。

4　ハイブリッド戦争――誰が戦闘に荷担しているのか

ハイブリッド戦争とは何か

ハイブリッド戦争とは、通常戦と非通常戦、軍事的手段と非軍事的手段がそれぞれ組み合わされて実施される戦争である。通常戦は、正規の国軍の兵士が戦う伝統的な戦争であるのに対し、非通常戦は、通常戦以外をすべて指し、ゲリラ戦、テロ活動、民兵や義勇兵による破壊活動や特殊作戦など幅広い戦闘が含まれる。軍事的な観点から見ると、通常戦ではミサイル攻撃による空爆や戦車で敵の陣地を攻めるといった軍事行動が典型となる。それに対し、非軍事的手段の中には、経済制裁を課したり、政治的、社会的なプロパガンダを通じて敵対勢力を心理的にくじいたり、治安部隊や警察を使って反政府分子を拘束したりするなどがある。

ハイブリッド戦争の重要な要素の一つに、サイバー戦がある。サイバー戦争は、クラークによれば、「損害ないし破壊を引き起こすことを意図し、他の国家のコンピュータやネットワークに侵入する国民国家による行動」である。また、サイバー戦争は、相手に安全保障上の損害を与え、自国の政治目標を達成しようとする政治性の高いものだと指摘されている。つまり、国家の意思や国家権力がサイバー攻撃の背後にあることが条件となる。一個人がサイバー空間上でネットワークやコンピュータに侵入した場合は、国家による指揮や司令が不在であれば、サイバー戦にはならないとされている。

ではサイバー戦は、どのような場合に武力行使に相当するのだろうか。武力行使だと判断された場合は、「戦争の遂行方法を規律する法」の適用を受け、区別原則や比例性原則の順守が問題になる。この法体系は、先述のように、国家の国土に対する攻撃や侵略が前提であった。サイバー戦はサイバー空間で実施されるが、どこまで国家主権が及ぶのだろうか。サイバー空間には領土に基づく境界がないとする、カナダ政府のような立場もある。

他方、サイバー空間にインフラを含めようとする主張がある。アメリカの政治学者のジョセフ・ナイは、サイバー空間にはヴァーチャル・情報層と物理的インフラ層がある、と解釈している。この解釈がサイバー空間にインフラを含めるのは、仮にネットワークやコンピュータシステムなどの操作によってインフラが破壊されたり損害を被ったりした場合、インフラという目に見える有形物に生じた損害を可視化できるからではないかと推察される。この解釈は今日欧米や日本では主流となりつつあり、サイバー関連のインフラを国家がどう防衛するのかが重要な安全保障上の課題だととらえられている。

無人航空機の実用化とサイバー戦のリスク

無人航空機の起源は第二次世界大戦後にまでさかのぼると言われている。他方、その技術革新は過去十年間のうちに飛躍的に進んだ。無人航空機は一般にドローンと呼ばれているが、すべてのドローンが戦争に使われることはない。ドローンは、カメラを搭載し、発電所の点検や地震や洪水などの自然災害の被災地を空から観察したり、生態系の調査を実施したり、直接人が立ち入りにくい場所に迅速かつ効率よく到達しうる点で優れている。

しかしながら、ドローン技術はやがて軍事的な使用に転用された。ドローンが飛行距離を伸ばし、遠距離への運航が可能になるにつれ、無人偵察機としての役割に注目が集まった。その後、偵察するのみではなく、ドローンに殺戮兵器を搭載させた、いわゆる武装ドローンの開発が二十一世紀に進んだ。武装ドローンは、国際的な規制が追いつかないまま使用されてきた。スコット・シェーン氏は、二〇一五年四月二十三日にニューヨーク・タイムズ紙の記事で、アフガニスタンでの対ターリバーン戦争やイラクでの対サッダーム戦争において米軍がいかに一般市民を武装ドローンで殺害したかを明らかにしている。

自律型致死兵器システムの課題

武装ドローンと呼ばれるものは、正確には自律型致死兵器システム(Lethal Autonomous Weapons System LAWS)の一つである。伝統的な武力の行使の考え方では、空爆であれ、兵士が重火器を使用する場合であれ、暴力の主体は人間である。武装ドローンは初期のドローンが遠隔操作でエンジニアがコンピュータで操作していたのと異なり、AIを搭載したシステムが自律的に攻撃目標を選定し、対象物や対象者を殺害する機能が備わっている。

世界教会協議会は、二〇一九年十一月にスイスのボッシーで開催された会議で、「LAWSに関する覚書」を発表している。その中で、「LAWSの開発が完全に進んだ場合、誰が生き、誰が死すべきかを、そうしたシステムが決定することになる」と警告している。そのうえで、新たな軍縮を緊急に構築し、倫理的な課題として、こうした技術開発での軍拡競争に歯止めをかける必要があると危惧しているという見解を示している。

ではLAWSには、現在どのような問題点があるのだろうか。LAWSは、まず状況を観察し、次に標的とする物体や人物を認識し、それが正しい標的であるかどうかを判断する。その判断の結果、「正しい標的」に対して、爆発物を自律的に投下する。観察する能力は技術革新とともに高度になるが、認識と判断能力は、データベースに蓄積された顔写真やイメージなどの数が決め手となる。そこには誤って別の物体や人物を標的だと見てしまうリスクがある。データベースの量が不十分であれば、データベースにはないイメージの物体や人物をきちんと認識したり、判断したりすることができないからである。

ＬＡＷＳがどこまで戦闘員と文民を判別できるかについて、専門家の意見は分かれている。戦場で自ら戦闘員であることを明示するためには、軍服を着たり、出身国の国軍のシンボル的なものを身に着けたりすることが推奨されている。しかしながら、ゲリラやテロリストのように私服のまま戦闘に参加している例は数多くあり、戦闘員を正確に見極められないことも起こる。

ＬＡＷＳの認識や判断能力の限界は、いわゆる武力紛争法に規定・解釈されてきた文民と戦闘員の区別原則上、大きな問題を引き起こす。データベースの量とデータベースを組み込むコンピュータのプログラマーの力量がＬＡＷＳの性能を左右するからである。

本質的には、ＬＡＷＳが飛行すれば人間の手を離れた殺戮行為となる点は強調してもしきれない問題ではないだろうか。ＬＡＷＳは、人工知能と大量のデータを搭載し、自動的に判断し行動する自律能力を有するがゆえに、その判断と殺戮能力を端的には機械に任せることになる。それは、人間の判断と行動規範を超えた行為ではないだろうか。その使用に際し、人間としての尊厳が無視されていると考えられないだろうか。ＬＡＷＳの開発と使用を野放しにしておくことが、倫理的な問題であるのは自明である。その意味で、世界教会協議会が二〇一九年にＬＡＷＳの危険性について警鐘を鳴らしたことはきわめて重要である。

無人兵器が戦争の勝敗に大きく影響した戦争の代表例に、二〇二〇年十一月のアゼルバイジャンとアルメニアとの間で起こったナゴルノ・カラバフ紛争がある。アゼルバイジャンは、この戦争によってわずか九日間で、カラバフの広大な地域を国家の制圧下にした。この戦争では、アゼルバイジャンは、トルコ製のバイラクタルＴＢ

2無人偵察・攻撃機やイスラエル製のハービー徘徊型自爆ドローンを使用し、アルメニア軍の戦車や兵士をはじめ防空システムを破壊することに成功したと言われている。

武装ドローンを開発する国家は、当初はアメリカとイスラエルであったが、現在では、この二か国以外にパキスタン、イラン、トルコ、イラク、ナイジェリア、ロシアなどがあり、増え続けている。武装ドローンは、通常戦で使用される戦闘機やミサイルと異なり、ピンポイント的な攻撃に適し、安価で機動性が高い。それゆえに今後その使用度は高まると予想される。LAWSなどのAI搭載のシステムの発展とその軍事転用に対し、私たちはどのように歯止めをかけていくことができるのだろうか。

サイバー戦の荷担者は誰か

LAWSの使用によって、今後犠牲になる一般市民が増える可能性はすでに述べた。では、サイバー攻撃に直接的あるいは間接的に関与するコンピュータ技師やコンピュータ技術の開発者の立場はどう考えればよいだろうか。

サイバー戦では、一般に「攻撃者の特定」(Attribution) は困難だとされている。攻撃者が特定されにくいのであれば、攻撃に関与した技術者はそう簡単に特定されない可能性は高い。そうであれば、コンピュータで武器を遠隔操作する個人や集団が非合法戦闘員と認定されることも確率的に小さいということになる。だが問題はそう簡単ではない。

二〇〇四年以降、国連では「国際安全保障の文脈における情報及び電気通信分野の進歩に関する政府専門家会合」が定期的に開催され、サイバー攻撃をいかに防いでいくのか、国際的な取り決めの必要性が議論されてきた。だが、実際にはロシアや中国の意見と欧米や日本側の意向とが分かれ、平行線をたどってきた。NATOはこれを受け、エストニアのタリンにあるNATOサイバー防衛協力センターで一部の国際法学者を動員し、いわゆる

「タリンマニュアル」（1と2）を作成したのである。日本ではタリンマニュアル2が防衛研究所の力を借りて和訳され出版されている。

タリンマニュアル2では、サイバー行動（ここでは攻撃の用語はなく行動と一般化されている）の武力性が強調され、ある程度の「規模と効果」を伴えば一定の重大性の基準に達したものと解釈されるとしている。これに対し、こうした解釈は特に仮想敵国のサイバー行動を破壊的かつ「武力的」だとみなし、武力行使の存在を容認しやすくするものではないかという批判がある。

現在、改訂版としてタリンマニュアル3が作成中である。ウクライナ戦争の進行中にマニュアルが見直されているため、NATOの政治的な配慮がより濃厚なものになり、対ロシア戦略が過激なものになる危険性がある。

話を少しもどそう。コンピュータのエンジニアが戦闘員になるのかならないのかを判断する材料となりうるルールが、マニュアル2にはいくつかある。その一つに、民用物と軍用物の区別に関わるルールがあり、軍事的利益に効果的に資するものとして、コンピュータやネットワークやサイバーインフラが軍事目標になりうるとし、さらには、コンピュータのハードとソフトやウェブサイトや電子メールすら軍用物になりうるとしている条項がある。

しかし、軍用物の定義をここまで拡大してしまうと、問題は起こる。最終的なエンドユーザーが誰なのか（民間会社なのか、民間軍事会社なのか、国家なのか）を知らされずに、コンピュータのハードやソフトウェアを民間人が開発した場合、状況しだいでは戦闘員になり得るリスクを孕むことになる。

ウクライナ戦争が勃発して以来、サイバー攻撃はウクライナの内外で起きた。ただし、サイバー戦を実施したのはロシアとウクライナの両方であった。アメリカのシンクタンクである戦略国際問題研究所が二〇二二年十月二十日に発表したレポート（グレゴリー・トレアーソン著）によれば、ロシアは開戦前日の二月二十三日、ウクライナのコンピュータシステムに大量のサイバー攻撃をしかけたという。また、ウクライナは、これを受け、ロシアに対する「サイバーレジスタンス」を実施する旨、世界に発信し、二月二十六日に世界各国から五〇万人のハッカー活動家（hactivists）を動員し、ロシア政府のコンピュータシステムの破壊工作を実施したと発表した。ハッカーのなかには日本人が含まれていたと見られ、ロシアは九月上旬から日本政府のウェブサイトにサイバー攻撃を加え始め、それを継続すると威嚇した。共同通信やジャパン・タイムズは、当時相次いで日本政府のウェブサイトが攻撃された事実を報道し、それが親ロシアのハッカーによるものかどうかを調査していると報じている。

ウクライナ戦争におけるサイバー戦は、大量のロシアによるミサイル攻撃と比べれば小規模である。しかしながら、ウクライナ政府の要請に従った一匹狼的なハッカーの存在を、私たちはどう捉えるべきなのだろうか。日本はウクライナの側に味方しているがゆえに、ウクライナ政府が扇動したサイバー戦の問題は日本ではあまり取り上げられることはない。ゼレンスキー大統領の要請に従ってハッカー行為を行った市民が日本人であれ、他国の市民であれ、国際的に合意されつつあるサイバー戦の定義では、確実に戦闘員となる。彼らは、ウクライナという国家権力が背後にあるサイバー攻撃を実施したからである。同様に、ロシアがウクライナへのサイバー攻撃に動員したハッカーたちもまた、戦闘員になることは言うまでもない。にもかかわらず、「ロシア対ウクライナ・西側諸国」という戦争の構図の中では、サイバー攻撃の問題性が同等に問題視されていないのが現状である。

おわりに

戦争は、人類の歴史以来、繰り返し行われてきた。人間がこの世に存在するかぎり、おそらく人間は何らかの戦いを続けていくと言われている。その意味で絶対的な平和論を唱えることは、現実的ではないのかもしれない。だが、戦争を完全になくすのが困難だとするならば、少なくとも戦争をどう制限するのかという大命題は、過去から現在まで引き継がれている。それは、十七世紀以来、特にヨーロッパにおいて人びとが知恵をしぼってきた問題である。

正戦論に由来する戦争の合法化とその後の違法化の動きは、戦争の開始にいかに歯止めをかけるか、戦争になった際にはいかに戦争の惨禍を縮小しうるのか、という二つの国際法の潮流として規範化され、制度化されていった。しかしながら、戦争を規制する国際法は、基本的には国家間の戦争を前提としていた。

それゆえに、市民と市民との戦いが増えた冷戦後の武力紛争に対しては、従来の国際法が適用しにくくなったのである。にもかかわらず、戦争や武力紛争に身を投じざるを得ない「ふつうの人びと」は、記録的に増えた。九・一一事件後の対テロ戦争はアフガニスタンとイラクの人びとの甚大な犠牲をもたらして終わった。

デジタル化の波が急激に押し寄せたこの十年間、ハイブリッド戦争と呼ばれる新たな戦争が登場した。ソーシャルメディアは、一般市民のコミュニケーションの場として地理的限界を超えるメリットがある一方、国家権力が政治的プロパガンダを発信するツールでもある。また、敵対する国家に対し、サイバー攻撃を行うことで政治的かつ経済的な損害をもたらすことが可能になった。

二〇二二年二月に始まったウクライナ戦争に見られるように、ソーシャルメディアを活用して、ウクライナは何十万というハッカーを世界各国からサイバー戦に動員した。その姿は、かつてイスラーム国がイラクやシリアでソーシャルメディアを使って民兵を動員して戦闘員を増やしたのと似ている。イスラーム国の兵士になった人びとは、物理的にイスラーム国が戦う戦場に赴いた。他方、世界各国に散在し、サイバー上結集するハッカーたちは、その匿名性ゆえに無国籍者のようであり、その存在は可視化されにくい。だが、彼らは事実上サイバー戦の荷担者となる。ハッカーたちは、職業人としてコンピュータ技師であるとは限らない。一般市民が動員されている場合もある。ここでは戦闘員と文民の境界線は限りなく曖昧なものになっている。現在、ウクライナの地からはるか離れたところで、普通に生活している一市民が、ある瞬間だけ戦闘に参加することが仮想現実と重なって現実化している。

また、ＡＩ技術の急速な発展により、局地的な攻撃に適した安価な自律型致死兵器が続々と開発され、国際的な規制が不十分なまま活用され始めている。武装ドローンがその代表例であるが、その次はキラーロボットの時代になると指摘されている。キラーロボットに戦闘を任せるとき、私たちははたして戦争の荷担者であることを免れるだろうか。武装ドローンやキラーロボットの製造に関わる技術を生み出すのはＡＩであり、人間ではないと主張できるのだろうか。異なる民族や言語や宗教や宗派を超えて、グローバルな市民として共有すべき平和への倫理が今日ほど求められている時代はない。

参考文献

青木健太『タリバン台頭——混迷のアフガニスタン現代史』岩波新書、二〇二二年

Bailey, Christopher E., "Cyber Civilians as Combatants," *Creighton International and Comparative Law Journal* 8, no. 1 (December 2016): 4-22.

Clarke, Richard A. & Robert Knake, *Cyber War: The Next Threat to National Security and What to Do About It*, Ecco, 2012.

Crawford, Neta C.& Catherine Lutz, "Human Cost of Post–9/11 Wars: Direct War Deaths in Major War Zones, Afghanistan and Pakistan (October 2001 – October 2019)," Watson Institute, Brown University, November 13, 2019. [https://watson.brown.edu/costsofwar/files/cow/imce/papers/2019/Direct%20War%20Deaths%20COW%20Estimate%20November%2013%202019%20FINAL.pdf]（二〇二二年十一月二十九日取得）

廣瀬陽子『ハイブリッド戦争——ロシアの新しい国家戦略』講談社、二〇二〇年

メアリー・カルドー著、山本武彦・渡部正樹訳『新戦争論——グローバル時代の組織的暴力』岩波書店、二〇〇三年

Nye, Joseph S. Jr., "Nuclear Lessons for Cyber Security?" *Strategic Studies Quarterly*, 5, no. 4 (2011): 18–38.
松井芳郎『武力行使禁止原則の歴史と現状』日本評論社、二〇一八年
中谷和弘・河野佳子・黒﨑将広『サイバー攻撃の国際法――タリン・マニュアル二・〇の解説』信山社、二〇一八年
Schmid, J., 'The hybrid face of warfare in the 21st century'. Maanpuolustus, 127, 7 March 2019, Helsinki (FIN). [https://www.maanpuolustus-lehti.fi/the-hybrid-face-of-warfare-in-the-21st-century/]（二〇二二年十一月二十日取得）
Schmitt, Michael N., *Tallinn Manual 2.0 on the International Law Applicable to Cyber Operations*, Cambridge University Press, 2017.
芹田健太郎『国際人権法』信山社、二〇一八年
Shane, Scott, "Drone Strikes Reveal Uncomfortable Truth: U. S. Is Often Unsure About Who Will Die," *New York Times*, April 20, 2015. [http://nyti.ms/1JiGHtY]（二〇二二年十一月二十日取得）
Van Engeland, A. Civilian or Combatant? *A Challenge for the 21st century*. Oxford: Oxford University Press, 2011.
Wallace, David, Reeves, Shane, & Powell, Trent, "Direct Participation in Hostilities in the Age of Cyber: Exploring the Fault Lines," *Harvard National Security Journal*, Vol. 12 (2021): 164–197.
Weller, Marc, *The Oxford Handbook of the Use of Force in International Law*. Oxford University Press, 2015.
World Council of Churches, Executive committee, Minute on Lethal Autonomous Weapons Systems – "Killer Robots," Bossey, Switzerland 20–26 November 2019 [Doc. No. 04.4 rev]. [https://www.oikoumene.org/resources/documents/minute-on-lethal-autonomous-weapons-systems-killer-robots]（二〇二二年十月二十六日取得）

あとがき

二〇一九年十月に始まり二〇二二年九月にかけて実施された「兵役拒否・平和主義・エキュメニズム」研究会は、座長の神田健次先生のお声かけにより、多岐にわたる専門家九名の研究者によってキリスト教社会倫理の視座に基づく学際的研究を行ってきました。第一回の研究会は対面で行うことが予定されていましたが、大型台風の接近のため急遽オンライン開催となり、その後の研究会もコロナ禍に突入したため対面がかなわないという事態が続きました。オンライン開催のために議論が深められないことや、専門性が異なる研究会の目指すところが見えにくいようにも思いましたが、回を重ね、計画の半分を経過したころから各々の研究との関連性が立ち上がってくるのが感じられました。しかしその矢先の二〇二二年二月二十四日、ロシアのウクライナ侵攻によってウクライナ戦争が勃発しました。

富坂キリスト教センターでは、ロシアのクリミア併合の時からヨーロッパでの徴兵制や兵役をめぐっての緊張が高まる背景を受けて、この「兵役拒否・平和主義・エキュメニズム」の研究会の企画が立てられたという経緯がありましたが、その懸念は私たちの研究予想をはるかに超えて現実はあらぬ方向へと進みました。そのため、ヨーロッパの兵役拒否研究に関わる先生方にあっては研究に大幅な修正を加えることを余儀なくされ、この研究会のテーマはにわかに現実味を帯び、ウクライナ戦争を意識したものになりました。ウクライナ戦争は現在も終結の見通しがつかず、台湾、日本（沖縄）、北東アジアに拡大するかのような世界の状況は太平洋戦争前に酷似してきたと見えます。

このような時代に他者の立場や価値観を、宗教、教派や国境、時代やジェンダーを超えたエキュメニズムの様々な視点からの声に耳を傾け、私たち自身との関係性や確認のための対話や連帯につながる研究会の集積を成果物として出版することは意義深いものと考えます。

日本にも影響を及ぼす軍拡が進む世界情勢は予断を許せませんが、これらの問いかけから未来に進み、何を導き出せるのか、その意味で本書が平和の新しい地平線へ向かう道しるべとなることを願いたいと思います。

研究会は最後に二回対面で行うことがかないました。オンラインで知り得なかったリアルに人と人とが出会い、語り、議論することに大いに励まされました。大学や団体での役職、ご自身の研究のためにお忙しいなかでも、研究会にほぼ全出席され、また在外研究や海外に帰省しておられるなかでも原稿執筆にご協力くださった先生方に感謝を申し上げます。

そして自然災害やパンデミック、ウクライナ戦争の中、むずかしい舵取りをされた座長の神田健次先生、富坂キリスト教センター主事の岡田仁先生、出版にあたり奔走してくださった「いのちのことば社」の長沢俊夫氏に心から感謝を申し上げます。

富坂キリスト教センター「兵役拒否・平和主義・エキュメニズム」共同研究担当主事　原　真由美

著者プロフィール

神田健次（かんだ・けんじ）
関西学院大学神学研究科課程修了。ミュンヘン大学神学部留学、神学博士。世界教会協議会信仰職制委員を歴任。現在、関西学院大学名誉教授。著書『現代の聖餐論――エキュメニカル運動の軌跡から』（日本基督教団出版局）、編集『世界教会協議会～宗教間の対話と共生を求めて――エキュメニカルな指針』など。

石田　学（いしだ・まなぶ）
シカゴ大学神学院（M.A.）、ウェスタン神学大学院卒業（Th. M., D. Min.）。日本ナザレン教団無任所牧師、日本ナザレン神学校講師、NCC教育部理事長、日本聖書協会理事長。著書『日本における宣教的共同体の形成――使徒信条の文脈的注解』、『エフェソ書を読む』、『第一ペトロ書を読む』（以上、新教出版社）など。

矢口洋生（やぐち・よぶ）
アナバプティスト（旧アソシエイテッド）・メノナイト・ビブリカル・セミナリー卒業（M. A. 平和研究）。仙台白百合女子大学人間学部教授、同大学学長。著書『ジョン・H・ヨーダーの神学――平和をつくり出す小羊の戦い』（共著）、訳書『イエスの政治』（ジョン・H・ヨーダー著、共訳）、『ギリシャ人には愚かなれど――福音と西洋文化』（レスリー・ニュービギン著、以上、新教出版社）等。平和研究や宣教学、キリスト教文化を専門とする。

山口陽一（やまぐち・よういち）
東京基督神学校、立教大学（修士）。東京基督教大学・大学院特任教授（日本キリスト教史、実践神学）、日本同盟基督教団正教師・理事。編著『日本開国とプロテスタント宣教一五〇年』（いのちのことば社）、『復刻日本基督一致教会信仰ノ箇条』、『日本キリスト教歴史人名事典』（教文館）など。

佐々木陽子（ささき・ようこ）
東京大学大学院総合文化研究科博士後期課程単位取得退学、博士（学術）。元・鹿児島国際大学福祉社会学部教授。著書『戦時下女学生の軍事教練』（青弓社）、『老いと死をめぐる現代の習俗』（勁草書房）、『総力戦と女性兵士』（青弓社）、編著『枕崎 女たちの生活史』（明石書店）、『兵役拒否』（青弓社）など。

木戸衛一（きど・えいいち）
東京外国語大学卒業、一橋大学大学院社会学研究科博士後期課程単位取得退学、ベルリン自由大学博士。大阪大学大学院国際公共政策研究科招へい教授。ライプツィヒ大学・ボーフム大学客員教授を歴任。日本平和学会理事。ドイツ現代政治・平和研究専攻。著書『若者が変えるドイツの政治』（あけび書房）など。

クリスチャン・モリモト・ヘアマンセン
デンマークのコペンハーゲン大学でアジア研究日本学科で日本学を専攻、修士号および博士号を取得。オーフス大学、コペンハーゲン大学、日本キリスト教協議会宗教研究所を経て、現在、関西学院大学法学部教授。著書『キリスト教平和学事典』（共著、教文館）など。

中西久枝（なかにし・ひさえ）

カリフォルニア大学ロサンゼルス校（ＵＣＬＡ）にて博士号（歴史学）取得。現在、同志社大学グローバル・スタディーズ研究科教授。専門は、イランを中心とした中東現代政治と安全保障、イスラームとジェンダー。著書『イスラームとモダニティ――現代イランの諸相』（風媒社）、『アジアの平和とガバナンス』（共著、有信堂高文社）など。

原　真由美（はら・まゆみ）

関東学院大学文学部英米文学科卒、日本バプテスト同盟宣教研修所修了、ルーサー・ライス大学大学院神学修士課程修了（M. Div. 神学）。牧会神学博士課程修了（D. Min. 牧会神学）。現在、関東学院大学非常勤講師。ＮＣＣ女性委員会委員。早稲田奉仕園評議員。著書『キリスト教宣教と日本――太平洋戦争と日米の動き』（彩流社）など。

＊聖書 新改訳 2017© 2017 新日本聖書刊行会

戦争と平和主義
――エキュメニズムが目指すもの――

2023年 3 月31日 発行
2024年10月20日 再刷

著　者　神田健次／石田学／矢口洋生
山口陽一／佐々木陽子／木戸衛一
クリスチャン・モリモト・ヘアマンセン
中西久枝／原真由美

編　者　(公財)基督教イースト・エイジャ・ミッション
富坂キリスト教センター

印刷製本　日本ハイコム株式会社

発　行　いのちのことば社
〒164-0001 東京都中野区中野2-1-5
電話 03-5341-6922（編集）
03-5341-6920（営業）
FAX03-5341-6921
e-mail:support@wlpm.or.jp
http://www.wlpm.or.jp/

ISBN 978-4-264-04415-4